BLAUWDRUK

Blauwdruk
Foto-biografische verhalen

Marjet Maks

Omslagontwerp: Marjet Maks
Vormgeving binnenwerk: Marjet Maks

Redactie: Bianca Nederlof

Copyright © 2017 Marjet Maks

Druk: Pumbo.nl
Korte verhalen

ISBN 978-90-822119-3-1
NUR 303

www.schrijfmaks.raya.org

https://www.pumbo.nl

Voor mijn moeder; mijn vriendin en grote voorbeeld

INHOUD

WOORD VOORAF

Blauwdruk is een bundel met een selectie van korte verhalen die hun wortels hebben in mijn leven. De eerste zes verhalen grijpen terug op gebeurtenissen in mijn jeugd, het zijn herinneringen aan de hand van foto's aangevuld met fictieve elementen, vervreemdende of wensdenkende gedachten.

Een paar verhalen gaan over liefdes die in werkelijkheid anders verliepen. Er is een reisverhaal naar Nieuw Zeeland opgenomen en enkele anekdotische verhalen gaan over mensen die een rol spelen in mijn leven.

De foto's komen uit mijn albums en zijn illustraties van momentopnames. De namen van personages heb ik in verband met hun privacy veranderd.

© Marjet Maks
Zomer 2017

LUCHTWORTELS

Tijdens de crematie van mijn vader begon het te plenzen.
Een paar weken later, op een woensdagmiddag in maart,
regende het weer pijpenstelen.

Ik was alleen thuis. De bel ging en ik opende de deur.
Voor me stond een man in een grijze regenjas, hij had een
pokdalig gezicht en een hoed op. In zijn handen hield hij
een ronde, chocoladekleurige vaas.

'Is je moeder thuis?' vroeg hij.

'Nee. Wat is dat voor een vaas?'

'Dit is een urn. Daar zit de as van Jacobus Bloemendaal
in,' zei hij formeel.

Ruim dertig jaar later keer ik terug naar de tuin van mijn
jeugd om mijn herinneringen onder het spinrag vandaan te
trekken. Herinneringen aan het zonnige kind, dat rond haar
vader huppelde en hem in de tuin hielp met wieden en blad
harken. Steeds vaker word ik in mijn dromen bezocht door
een demon, die mijn herinnering aan dat meisje in haar ge-
ruite overgooier bezoedelt, de twee stijve vlechten, het
scheve melkgebitje, de vergeet-me-nietjes-blauwe ogen,
ben ik dat? Het wordt de hoogste tijd om die plaaggeest uit
te bannen. Ik moet definitief afscheid gaan nemen van de
schim die rond de stam van de moerascipres, tussen de
luchtwortels verstopt zit.

Van verre zie ik mijn ouderlijk huis in de bocht van de
vaart liggen. Dat vriendelijk ogende, maar kille tochtige
huis, omgeven door schaduw van de grote bomen in de
tuin. Het verrast me dat hoog boven de bruine beuk en de
kale oude eiken de felgroene spits van de moerascipres helder tegen de blauwe lucht afsteekt.

Mijn auto parkeer ik onder de enorme taxus die vroeger
door mijn vader in de vorm van een manshoge kip werd ge-

snoeid. De vele jaren van verwaarlozing hebben het dier
bevrijd, hij is losgebroken uit zijn korset en uitgegroeid tot
een wild beest met lange groene takken.

Met mijn hand boven mijn ogen tuur ik door de zwart-
spiegelende ramen naar binnen. Her en der staan oude
meubelen, maar het huis ziet er onbewoond uit. Nieuwsgierig draai ik me om naar de tuin. Wat lijkt hij veel kleiner
dan in mijn herinnering. Door het ongemaaide natte gras
struin ik langs de rododendrons en sla links af, met ingehouden adem. Daar staat hij. Gezond en magnifiek, stevig
verankerd in de grond. Hij wenkt me, precies zoals in mijn
dromen. Een brok nestelt zich in mijn keel.

Schoorvoetend loop ik naar de moerascipres en kniel voor
de luchtwortels die als houten knieën boven de grond uit-
steken. Ik voel hun kracht en onderwerp me aan de fantasie
uit mijn jeugd. In mijn dromen schreeuwden ze me vaak
toe: 'Waarom heb je het gedaan? Waarom heb je hem hier
achtergelaten? Alleen, zonder dat iemand het wist?'

De wortels zijn dikker geworden en steken koddig en nog
steeds brutaal boven het dunne gras uit. Het zijn de ge-
beeldhouwde mannetjes met verwrongen gezichten van
trollen en kabouters. Eén houten gezicht herinnert me aan
dat van mijn vader. Hij kijkt naar me met ogen in de kleur
van de lucht, zijn glimlach is nog net zo groen als het gras.
Wanneer ik denk zijn stem te horen krast een kauw, hoog
op een tak.

Met gespreide vingers leg ik mijn hand op zijn kale kopje.
Een warme gloed trekt door mijn arm rechtstreeks naar
mijn hart. Stil blijf ik zitten met gesloten ogen en blik onomwonden terug in mijn jeugd. Recht in het glimlachende
gezicht van mijn vader. De brok in mijn keel breekt en tranen dringen zich achter mijn ogen op. Dit keer schreeuwen
de luchtwortels niet boos. Heel andere woorden wandelen

mijn geest binnen, zoals: 'Het was goed dat je me hier achterliet, meis.'

Langzaam waait het spinrag weg. Een last valt van me af. Ik besef dat ik al die jaren voor niets muizenissen in mijn hoofd heb gehaald en me schuldig heb gevoeld. In een opwelling open ik mijn tas en haal uit het zijvakje het kleine ronde loodje dat ik altijd bij me draag. Ik bekijk het, kras met mijn nagel over het nummer en druk het in een holte van een van de luchtwortels.

Mijn vader heeft de moerascipres niet zelf geplant, hij stond al in de tuin toen mijn ouders het huis in het veen betrokken. Als kind speelde ik graag tussen de luchtwortels. Die waren toen kleiner en leken een beetje op borrelende bellen in bruine modder. Ik gaf ze namen: Niezel en Giegel of Frodo. Ik was in de ban van dwergen, hobbits en reuzen en het kostte me geen moeite de luchtwortels en de stam van de moerascipres voor te stellen als sprookjesfiguren.

'Jij bent de reus,' commandeerde ik de stam. 'En jullie zijn de dwergen, ja jullie moeten de dwergen spelen en dan ben ik Sneeuwwitje.'

Uren vermaakte ik me daar tussen de luchtwortels.

'Het lijken net helmen op het hoofd van soldaten die door het gras kruipen,' zei mijn vader eens.

'Nee pap,' riep ik. 'Het is een reus die hier begraven ligt. kijk, dat is een knie. Daar heb je zijn neus, zie je wel, met neusgaten. En dat is een stuk van zijn oor.' Samen bedachten we de gekste fantasieën, mijn vader en ik. Ik dacht dat ik ze vergeten was, maar terwijl ik daar zo zit aan de voet van de stam drijft de een na de ander naar boven.

'Dit is een urn. Daar zit de as van Jacobus Bloemendaal in,' zei de man formeel. Weer klonk die zin in mijn hoofd en de hele herinnering kroop tussen het spinrag vandaan.

'Mijn vader?' vroeg ik.

Hij knikte. Ik wilde de zware urn al uit zijn handen pakken, maar hij hield hem stevig vast.

'Is je moeder thuis?'

'Nee. Ik zal hem aan haar geven. Ze komt zo thuis.'

'Maar jij bent nog een kind.'

'Ik ben al dertien. Ik geef hem zo direct aan mijn moeder, echt.'

'Beloof je dat?'

'Natuurlijk, meneer.'

Kennelijk overrompeld door mijn kordate optreden, gaf hij de vaas af. Zo te zien had hij haast, want schielijk verdween hij door de gestaag neervallende regen terug naar zijn auto.

Achter de gesloten deur schudde ik de urn heen en weer en hoorde een rammelend geluid van grof gruis. Het deksel zat vast met een in elkaar gedraaid ijzerdraadje waaraan een loodje bengelde. Op het loodje stond een nummer, 28272.

Ik wilde wel eens zien hoe de as van mijn vader eruitzag. Met de nijptang uit mijn vaders gereedschapskist knipte ik het in elkaar gedraaide ijzerdraadje door en het deksel kwam los, rolde over de vloer onder mijn vaders leunstoel. Nieuwsgierig gluurde ik in de urn. Een schroeilucht ontsnapte uit het donker en nestelde zich in mijn neusgaten, alsof Aladins geest de fles had verlaten.

Met mijn hand woelde ik door de grove stukjes houtskool, geschroeid bot, langs mijn vingertoppen streek het fijne stof van de verbrande huid, nagels, hart, longen en ogen. Was mijn vaders ziel hier nog aanwezig? Wat voelden mijn handen precies, rond woelend in het stoffelijk overschot van mijn vader? Ik wist het niet, maar dat zijn geest levenslang zou krijgen in die lelijke vaas moest onherroepelijk vermeden worden.

Straks zou mijn moeder thuiskomen. Als ik mijn vader uit die urn wilde bevrijden moest ik opschieten. Ik pakte een krant en schudde daar de inhoud van de urn op uit. Vervolgens trok ik de asla uit de open haard en stortte die in de vaas. Met een klodder Velpon lijmde ik het deksel vast op de urn en zette hem op de schoorsteenmantel. Het ijzerdraadje met het loodje stopte ik in mijn broekzak. Met de opgevouwen krant onder mijn jas holde ik door de regen naar de moerascipres. Geknield tussen de luchtwortels strooide ik de as uit. Moest ik bidden? Wat voor laatste troostende woorden zou ik pap kunnen meegeven?

Doornat en verweesd kwam ik weer binnen. Mijn moeder stond bij de schoorsteenmantel met betraande ogen en de urn in haar handen. 'Wanneer is dit gebracht?

Ik haalde mijn schouders op.

'Het zegel is verbroken. Er zit lijm aan het deksel.'

'Weet ik veel.' Met de Donald Duck plofte ik in een stoel.

Ze vroeg niet verder, maar zuchtte een paar keer diep en zette de urn terug op de schoorsteenmantel.

Nooit heb ik mijn geheim opgebiecht, hoewel ik altijd heb geweten dat zij wel iets vermoedde. Ik sta op, werp nog een laatste blik op de groep luchtwortels. Het ronde loodje in het hout van de wortel flonkert.

DE GEEST VAN DE PLEK

Na jaren van afwezigheid keer ik met mijn moeder terug naar ons huis in de bocht van de vaart. In mijn oude kamer lig ik op het smalle bed onder het schuine dak, mijn gedachten glijden langs de geluiden in en om het huis. In het donker sta ik op en kijk uit het raam naar het donkere bos tegenover ons huis, waar de kauwen op hun smerige nesten wiegen in de hoge boomkruinen. In de herinnering van mijn jeugd was dat beeld verloren gegaan, net als de maan die bleek door de nevel boven de vaart schijnt.

Ooit huilden hier wolven op de vlakte en zwoegden de turfstekers op het land. Hun spades staken ze diep in het veen en de rechthoekige bruine klompen turf stapelden ze op een platte bok. Hun gedachten aan morgen en herinnering aan gisteren werden beheerst door pijn in hun spieren en gewrichten.

Tweehonderd jaar geleden begonnen ze in Hasselt aan het kanaal naar Gramsbergen te graven. De Dedemsvaart.
Halverwege de negentiende eeuw waren ze aangeland bij het Colenbrandersbos. Houtskool branden leek een aflopende zaak, turf zou de toekomst hebben.

Scholten had dat indertijd goed gezien, hij werd een groot vervener. Ook de plek waar zijn huis moest komen koos hij zorgvuldig uit, tegenover het bos op een zandkop. De turfstekers liet hij eromheen graven. Tegen zijn vrouw Lydia zei hij: 'In de beschutting van het bos en met uitzicht over de vaart gaan wij ons huis bouwen. Ik heb voor de fundamenten vast turf en jutezakken besteld.'

Bijna honderdzeventig jaar later staat het huis nog even stoer in de kromming van de vaart, met een wakend oog gericht op de toekomst. Vijfhonderd meter verderop ligt de volgende bocht, die het kanaal weer terugbrengt in zijn loop

van west naar oost. Twee unieke bochten in de Dedemsvaart, tussen Sluis 6 en Sluis 7.

Scholten bouwde het huis en Lydia gaf het een ziel. Als
eerste bewoonster moet ze de magie van die plek hebben
gevoeld. Het bos, de bocht en de vaart waarboven twee keer
per jaar precies in het midden de zon ter kimme daalt.
In gedachten zie ik een turfschuit met bolle zeilen aan
komen glijden. Ter hoogte van het bos stapt de schippers-
vrouw van boord. Ze hijst zich in het jaagtuig en gebogen
zwoegend jaagt zij de afgeladen bok met klapperende zeilen langs de luwte van het Colenbrandersbos.
Door noeste arbeid werd de vaart in honderd jaar gegra-
ven. Men legde er een tramlijn langs die het dorp Avereest
van de buitenwereld ontsloot en verbond met Zwolle. Per
zeilschip werden turf en aardappelen naar het westen ver-
voerd.
Nog geen honderd jaar later werd de Dedemsvaart in
minder dan tien jaar tijd weer dichtgegooid om dienst te
gaan doen als fundament van een autoweg. Behalve het
stuk vaart tussen de twee bochten, langs het Colenbrandersbos, dat bleef open.
Mijn mijmeringen voeren door de tijd naar het heden.
Dwalend door het huis raak ik brokstukken van het verleden aan. Ik ga de donkere tuin in en blijf onder de oude
bomen staan. Koel is de dauw aan mijn voeten en als stoom
dampen de herinneringen om me heen. Ik wil ze vasthou-
den en luisteren naar wat ze me over vroeger vertellen;
voordat ze verdampen in de Reest, die ontspringt achter het
huis in 'De Tippe'.

Dat meisje plat op haar buik ben ik. Liggend op de eiken-
balk, de brug over het kwelletje, maait ze met haar handen
door het water. Ze tracht schrijvertjes en schaatsenrijdertjes
te vangen, terwijl de mistflarden boven het gladglanzend

beekje meedrijven het Reestdal in. De bron is verdwenen, de beek is gekanaliseerd tot een leiding die meestroomt met de moderne tijd van ruilverkaveling en snelheid. Maar de mist is er nog. In de verte zie ik de witte geesten zich losmaken uit de nevel en voel ze om mijn hoofd verwaaien.

In het huis ontmoet ik de Engelse Gertrud, de tweede vrouw des huizes. Bleek, en in dekens gehuld, zit ze in een stoel voor het kierend raam. Zacht klinkt haar licht geschrei: 'Ik ben gelukkig in de liefde, maar ongelukkig op deze plek.'
'Maar dit is Tottenham, ons heerlijke huis. In de tuin hebben we zo veel bijzondere bomen geplant en de kwekerij loopt goed,' smeekt haar man, Jongkindt Coninck.
'Hier kan ik niet aarden. De kille tocht in de gang kruipt onder mijn rokken, de mist op de vlakte en de eenzaamheid van deze kale plek. Ik ga hier dood.' Ze wijst naar de nevel boven de vaart en jammert: 'Ik zie schaduwen in de mist, hoor de stemmen uit het veen, ze jagen me angst aan. Ze klinken in de tuin, ik hoor ze in 'De Tippe'.'
'Goed, dan gaan we terug naar Londen,' bromt haar man, die ruim tien jaar eerder, toen hij op de kwekerij van haar vader in de Londense voorstad Tottenham werkte, zijn hart aan Gertrud verloor. Ze verloofden zich. Zijn vader echter, geldschieter voor de kwekerij in Dedemsvaart, was tegen een huwelijk tussen zijn zoon en een Engels meisje. Vervolgens woonde Jongkindt Coninck jaren alleen in dat huis op die door God verlaten plek en kweekte zijn vaste planten. Uit troost en verlangen naar zijn geliefde noemde hij huis en kwekerij Tottenham. Ondanks hun gescheiden levens verliet de liefde hen niet en tien jaar later huwde Jongkindt Coninck zijn Gertrud alsnog. Hij troonde zijn jonge vrouw mee naar dit barre oord, maar dat was slechts van korte duur.

In de nieuwe eeuw bewoonde mevrouw Van der Elst en haar gezin het huis. Als kind ontmoette ik haar schim wel eens op de trap, rillend in haar wit nachtlinnen ging zij door de tochtige gang. Ze stond voor het raam en keek uit over de ellenlange vaart.

'Shsh,' sliste ze, 'ik zie ze dansen, de witte wieven.' En ze vertelde me hoe het was gegaan. 'Na Gertrud kwam ik in dit huis wonen. Jong en alleen, ik heette Mientje Pompe en was afkomstig van een landgoed in Oldenbroek. Ik was niks gewend. Jongkindt Coninck liet huis en kwekerij aan zijn neef A.M.C. van der Elst over, mijn schoonvader. Ab en ik waren net getrouwd en gingen op Tottenham wonen nadat A.M.C. stierf. Daar zat ik als kwekersvrouw, moederziel alleen, terwijl mijn man te paard zijn landerijen overzag met een jachtgeweer over zijn schouder. Op een dag wandelde ik naar de bron en sprak de mistflarden aan. Ik werd een met hen en versmolt met deze plek.'

Na haar dood halverwege de eeuw, bleven mijn ouders met hun vier kinderen op Tottenham wonen tussen haar stoelen, tafels en dekenkisten. Haar geur bleef hangen in de kamers.

Ooit vond ik enkele haarspelden, wat naaigerei, een stukje zeep in een kast. Mijn moeder bewaarde haar oude foto's, geel en bruin gevlekt. Ze was een mooie vrouw geweest met melancholische ogen. Haar verweerde spiegel hangt nog steeds aan dezelfde haak. Als ik er langsloop versmelt de vervaagde afdruk van haar gelaat met dat van mij en zuigt me naar binnen.

Mevrouw Van der Elst vertelt over de tijd dat mijn jonge ouders bij haar introkken: 'Ik zag in je moeder mijzelf terug, zoals ik me vijftig jaar eerder had moeten nestelen in dit huis. Allebei waren we jong en naïef, maar ook artistiek.

Dat hielp ons wat van het leven te maken.'

'En de mistflarden in het veen?' vraag ik.

'De witte wieven? Die zijn er altijd.' Ze zit in haar eigen stoel in mijn moeders vroegere zitkamer. Lange witte haren op haar schouders, ingevallen wangen. Haar door maanlicht beschenen kleed hangt, als opkomende mist, rond haar loze lijf. Twee paar ogen glinsteren in holle kassen vanachter haar stoel. Ze knipogen naar me. Het zijn Lydia en Gertrud, weet ik instinctief, zij drukten net zo goed hun stempel op deze plek. Samen praten we over vroeger; hun mannen en kinderen, de buren en de mistflarden in het veen.

In de keuken kom ik mijn moeder tegen. Ook zij kan niet slapen en dwaalt door het huis waarin ze bijna de helft van haar leven woonde. Ze begint te vertellen: 'Begin jaren vijftig kwamen wij op Tottenham wonen en trokken in bij mevrouw Van der Elst. Je vader werd bedrijfsleider op de kwekerij van haar zoon, Paul. Kort na haar dood kwam hij bij een auto-ongeluk om het leven. Van je beide grootvaders leenden we 100.000 gulden om het huis en de landerijen te kopen.'

Ik ga naast haar voor het raam staan, samen kijken we naar het zwartglanzend water in de vaart.

'Ik heb veel aan haar te danken,' peinst mijn moeder hardop. 'Ze leerde mij over het leven op het platteland in een veenkolonie. De sociale controle en codes waaraan we ons dienden te houden om geaccepteerd te worden. Ze waarschuwde me voor de ernst van de religie.'

Fascinerende verhalen die zich afspeelden in een tijd voor mijn bestaan.

'We schilderden onze stillevens en landschapjes met mitaines aan,' zegt mijn moeder. 'De ratten knaagden aan de gordijnen voor de kieren van de deuren. De vijf turfkachels stookten het huis niet warm, de kou kroop in onze botten.

De pomp ruiste zijn water in de hardstenen gootsteen en de meid kookte onder de schouw. Zo was het immers al honderd jaar. Langzaam moderniseerden wij het huis. Mevrouw van der Elst vond alles best, ze genoot van onze jeugd om haar heen. Je twee oudste broers waren net geboren, zij speelden aan haar voeten, terwijl ik bij haar zat. Zij in haar eigen stoel. We keken uit over de vaart en ze groette iedere voorbijganger die langs fietste.

'En de witte wieven,' vraag ik, 'wat weet je van hen?'

'Zij leerde me leven met de mist in het veen. Die eerste jaren, ik kwam immers uit Haarlem, zonk de moed me meermalen in de schoenen. Hoe zou ik ooit kunnen wennen op deze desolate vlakte. "Als je ze accepteert, worden ze je grootste vriend," zei mevrouw Van der Elst vaak tegen me. "Zij horen bij deze plek, dit huis, de vaart, het veen, de verleden tijd."'

Onze nachtelijke dwaaltocht raakt ten einde. De ochtend gloort. Het bos aan de overkant van de vaart maakt zich los van de achtergrond. Nog één keer loop ik achter het huis 'De Tippe' in. Ze komen aandrijven over de vlakte, ijl en transparant, meegenomen door de wind, de regen en de aan-

rollende donder. Stil en gefascineerd beleef ik de opkomende ochtendmist die me opslokt in de herinnering. Hier ben
ik geboren en getogen, dit is mijn land. Ik loop de mist tegemoet, wetend hoe een wit wief de geest van de plek herkent.

DE BARRE WINTER VAN 1963

'**K**oud, dat het was,' zegt mijn moeder. 'We hadden nog geen centrale verwarming in huis, als ik jouw potje 's avonds op de deel zette, kon ik de volgende morgen eerst je plas eruit bikken.'

Glimlachend luister ik naar het verhaal dat ik al zo vaak heb gehoord. Achmed en ik logeren bij mijn moeder en we kijken naar het nieuws. Het is ijzig koud en het kwik zal nog een hele week ferm onder nul blijven, zegt de weerman. Natuurlijk spreekt men weer over een Elfstedentocht.

We zien sfeerrijke beelden van schaatsende peuters op ondergelopen weilanden en bevroren sloten tussen rietlanden. Op de randmeren schaatst jong en oud enthousiast in kleurige jacks op strakke noren. Opeens schuift het beeld in zwart-wit verder. Een oude man in een wijde manchesterbroek, met een pet op en wapperende oorwarmers aan zijn hoofd, krast op doorlopers over het ijs voor een boerderij in Giethoorn.

'Dat waren nog eens tijden,' zegt de verslaggever. 'In 1963, de koudste winter van de twintigste eeuw, leerden Ard Schenk en Kees Verkerk schaatsen en Reinier Paping won de Elfstedentocht. De koudste dag was 18 januari. Het was min achttien en juist die dag koos men uit voor de Elfstedentocht in Friesland.'

'Weet je dat nog?' vraagt mijn moeder.

'Nou en of.' Hoewel ik net vier jaar was. 'Dankzij alle verhalen en de foto's heb ik de beelden nog op mijn netvlies staan.'

'We huurden speciaal voor die gelegenheid een televisie,' mijmert mijn moeder.'

Grappig,' zegt Achmed. 'Toen woonde ik nog met mijn ouders in Iran, maar juist die winter kwamen we met verlof. Ik herinner me vooral de bittere koude.'

'Ik herinner me vrijwel niks meer,' zeg ik. 'Behalve dat ene beeld, dat zie ik nog vaak voor me. De glimp van vaders zwarte bontmuts. Hij stond tussen de horde mensen te wachten tot Reinier Paping over de finish kwam.'

'Dat moment ben ik ook nooit vergeten,' zegt mijn moeder. 'We zaten aan de televisie gekluisterd toen Steven belde.'

'De burgemeester?'

'Hij zei tegen je vader: "Jaap, ga mee. Paping, onze dorpsgenoot, gaat winnen. Ik moet erheen om hem te huldigen."' Tegen Achmed vervolgt ze: 'Haar vader was altijd te porren voor een avontuur. Hij stond al klaar om mee naar Leeuwarden te gaan.'

We kijken naar de zwart-wit beelden van die barre tocht en luisteren naar het krassen van de ijzers op het ijs, de wind loeit over de bevroren rietlanden. Verstilde beelden van koude boerderijen in wit land en mannen met pegels in hun baarden en snorren.

'Dit soort beelden herinner ik me ook nog wel. Ik leerde dat jaar schaatsen op de grachten van Amsterdam,' zegt Achmed.

De verslaggever begint weer te praten en ik schenk nog eens koffie in.

'Sinds 1848 had Nederland niet zo'n koude januarimaand. Vanaf 13 november bleef de sneeuw liggen en het sneeuwde tussen 1 november 1962 en 1 februari 1963 niet minder dan 31 dagen. Vijftienduizend auto's reden kriskras over het volledig dichtgevroren IJsselmeer.'

'Kijk,' roept mijn moeder. 'Enig, die beelden. Wij reden toen ook op het ijs, alleen niet op die dag.' Opgetogen schuift ze naar het puntje van haar stoel om de kouwelijke beelden nog beter te kunnen zien.

'IJsselmeer als noordpool,' zegt de verslaggever.

Er wordt ingezoomd op de kale witte vlakte waarboven de strakgespannen lucht felblauw is. Er ligt veel sneeuw. IJsbergen van opgejaagde sneeuw. In de verte schuift een rij miniatuurfiguurtjes met wollen mutsen op voorbij, handen op de licht gebogen ruggen.

'Op 25 februari werd het IJsselmeer vrijgegeven voor auto's,' zegt de stem.

'Ja,' beaamt mijn moeder. 'Je vader hoorde dat we met auto's op het ijs mochten. Daar droomde hij van, een autotocht over het IJsselmeer. 's Zomers zeilden wij met onze botter over dat water, hij wilde niets liever dan er ook eens met de auto overheen.'

Het nieuwsonderwerp is ten einde. Wasmiddelreclame danst lawaaiig door het beeld, mijn moeder klikt met de afstandsbediening de televisie uit. 'Ik weet het nog als de dag van gisteren. Bert Gardhof op zondagmorgen, later werd dat Vroege Vogels, je vader sloeg het nooit over.'

'Ik kroop altijd bij hem in bed en dan luisterden we samen naar het natuurprogramma,' zeg ik.

'Een week voor die 25ste januari zei Bert Gardhof dat het IJsselmeer die dag al zou worden vrijgegeven voor auto's,' vertelt mijn moeder. '"Kom," zei je vader tegen me. "Pak de kinderen goed in. Neem extra dekens, mutsen en handschoenen mee, we gaan vandaag, nu meteen."

"Weet je dat wel zeker?" vroeg ik nog. Met je vader werd alles een avontuur, maar met de kinderen erbij, had ik zo mijn twijfels. Je vader was onvermurwbaar, dus zette ik thee in een thermoskan en maakte een stapel boterhammen klaar. Alles ging in de picknickmand in de achterbak. Vader schoof er een fles jenever met een paar glaasjes tussen en zette er een jerrycan met benzine naast. Het was nog vroeg toen we vertrokken.'

'Leuk, mam, ik heb vaak het einde van dit verhaal gehoord, maar eigenlijk nooit het begin.'

'Bij Urk reden we via rijplaten de kade af – het ijs op. Er was niemand te zien en rustig stuurde Jaap onze zware

Peugeot over de met sneeuw bestoven vlakte tussen hoog opgewaaide sneeuwwallen door. Jij en je broers op de achterbank waren opgetogen. "Het lijkt de Noordpool wel," riepen de jongens. Ik zie nog jullie bleke snoetjes door de raampjes die ijzige verte in staren.'

'Ik had een rode muts op, weet ik nog,' zeg ik.

'Het was reuzespannend. Er was echt helemaal niemand.'

'We zijn een paar keer gestopt om te wandelen en we gleden over het ijs, dat weet ik nog, maar meer door de foto's die vader ervan maakte.'

'Ja, die foto's zitten in het album, pak het eens. '

'Waar reden jullie helemaal heen?' vraagt Achmed.

'Naar het noorden, rond die uitstekende punt van Stavoren naar Workum. De Afsluitdijk lag duidelijk als een strakke, zwarte streep voor ons. We passeerden een paar stoere schaatsers. Ik weet nog dat ik me zorgen maakte, omdat ze zo ver van de bewoonde wereld waren en zich een moeizame weg baanden door de ijssneeuw in de snerpende wind. Vader wees ons het torentje van Medemblik. We reden langs Enkhuizen en weer terug naar Urk. Voor donker wilden we daar de kade op en door de Noordoostpolder terug naar huis rijden.'

'Maar dat was toch niet alles? We konden er daar toen toch niet op?' Ik sla het album open en bekijk de foto's van toen.

'Precies, wat wij helemaal niet wisten was dat het ijs die ochtend toch niet was vrijgegeven. We waren te vroeg geweest. We deden iets wat absoluut niet mocht en nog gevaarlijk was ook.'

'Dus het wordt nog spannend?' vraagt Achmed.

'We werden aangehouden door twee agenten,' vul ik voor mijn moeder in.

'Nou en of,' zei mijn moeder. '"Meneer, u kunt een hoge boete verwachten," zei de een heel bars. "Maar," zei toen die andere agent met een zuurzoet gezicht, "we zullen hier niet vervelend over doen, als u ons een paar liter benzine kunt geven. Wij staan droog."'

'En dat deed je vader, natuurlijk,' zegt Achmed blij, dat de goede afloop in zicht lijkt te komen.

Mijn moeder glimlacht. 'Ik zie nog dat gezicht van Jaap. De zorgelijke trek om zijn mond veranderde in een stille grijnslach. De jerrycan met benzine stond achterin en uit de picknickmand haalde hij de kruik jenever met de borrelglaasjes. Met zijn vieren hebben we opgelucht geklonken op de goede afloop.'

'Hebben jullie die mannen nog wel eens gesproken? Of hebben ze later gebeld om te bedanken?' vraagt Achmed.

'Nee natuurlijk, maar ik heb me nog vaak afgevraagd, wat er gebeurd zou zijn als wij niet langsgekomen waren. Hadden de politiemannen de vriesnacht op het ijs overleefd? Of nog erger, wat als het die nacht was gaan dooien?'

'Als kind heeft die fantasie veel indruk op me gemaakt,' zeg ik. 'Hoe vaak zag ik die politieauto niet langzaam door het ijs zakken.'

Mijn moeder schudt haar grijze hoofd. 'Zo had het kunnen aflopen, toen had je nog geen mobiele telefoons.'

'De politiewagen reed terug naar Enkhuizen en wij vervolgden onze weg naar Urk,' zeg ik.

'Dus eind goed al goed,' zegt Achmed toch een beetje teleurgesteld.

'Nou, eh, in Urk waren de rijplanken weggehaald en de metershoge kademuur doemde voor ons op. Het was zondag. Ruim na vier uur, niemand meer op straat, iedereen zat in de kerk. Jaap vloekte binnensmonds om die gereformeerde Urkers.'

'Dat beeld zie ik ook nog helder voor me, die hoge kademuur,' zeg ik.

'Je vader keek ongerust naar de benzinemeter, want die stond inmiddels dicht bij het rood. Maar hij liet zich niet kennen en we reden door naar Stavoren. Ik weet het nog zo goed. Het werd muisstil in de auto. Jullie zwegen van de spanning. Duisternis omhulde ons inmiddels, maar de sneeuwvlakte gaf nog wat licht en de ijskristallen glansden in de koplampen. En Jaap keek die benzinemeter maar omhoog. Eindelijk kwamen de lichtjes van Stavoren in zicht. In de haven was een lage kade en hortend en stotend reden we de wal op. Toen stond de auto stil.'

'Dat weet ik helemaal niet meer, mam. Wat zal pap peentjes hebben gezweet.'

'Hij belde ergens aan en iemand wees hem een benzinepomp. Die was dicht, maar na lang aanbellen kwam de garagehouder naar buiten.' Mijn moeder glimlacht in gedachten. 'De hele week daarna bleef het vriezen en de volgende zondag werden er duizenden auto's op het ijs toegelaten, maar toen hadden wij ons avontuur al gehad.'

SCHOTSEN LOPEN

Op een stoel voor het raam keek ik naar mijn broer en de tweeling van de buren voor ons huis. Ze wezen naar de vaart.

Gisteren schaatsten we nog op het glanzend dikke ijs, nou ja, de grote kinderen schaatsten, ik krabbelde achter een keukenstoel. Vanmorgen voer een vrachtschip door de vaart en het ijs dreef als gebroken glas op het water dat zacht klotste tegen de kant.

De jongens waren wat van plan en ik wilde erbij zijn. Ik klom van mijn stoel, trok in de gang gauw mijn jas aan, zette mijn muts op, deed mijn wanten aan en holde naar buiten.

Mijn broer riep: 'Kom op, jongens, 't ijs op. Schots'n lop'n.'

'Maar da's veuls te gevoarlik,' zei een van de buurjongens.

De ander knikte en zei: 'Veuls te gevoarlik.'

Mijn broer zakte al door zijn knieën en zette één voet op een grote schots. Door zijn gewicht verdween die aan zijn kant een paar centimeter onder water. Hij stapte op een volgende schots en de volgende en al snel stond hij midden op de vaart. Als een schots door zijn gewicht onder water verdween, stapte hij zonder zijn evenwicht te verliezen naar een nieuwe schijf ijs.

'Arie, Berend, bange Berend, pak me dan, jullie kun't me lekker toch niet krieg'n,' riep mijn broer uitdagend.

Dat liet Berend niet op zich zitten. Hij gleed op het ijs en Arie, zoals altijd, volgde hem. De drie jongens durfden steeds meer en dansten van schots naar schots. Het water perste zich tussen de kieren van het ijs omhoog.

'Hup jongens,' riep ik in de berm en klapte in mijn wanten.

Eén keer stopte mijn broer onverwachts, midden op een
schots. Berend lette niet goed op en botste, bats, tegen hem
op en Arie erachter tegen Berend. Met z'n drieën stonden
ze op één ijsplaat, die langzaam als een schip begon te zin-
ken.

'Ai,' riep mijn broer, 'nu heb ik natte voet'n.'

'Die he'k allang,' riep Arie.

Mijn broers schoenen stroomden vol water. Berends en
Aries sokken sopten in hun klompen. Net op tijd verlieten
ze de schots, die bevrijd van hun gewicht met een zuigend
geluid gevaarlijk snel omhoogschoot.

Ik wilde meedoen en zette al één voet op een grote schots
die tegen de kant stootte. Het water spoelde wild om de
houten paaltjes langs de oever. 's Zomers maakten we ons
bootje vast aan de ronde kopjes die net boven het water uit-
staken. Gisteren bonden we hier onze doorlopers onder.

Ik durfde niet goed en keek stil naar mijn broer die op de
rand van een grote schots stond en zich met gebogen knieën

in evenwicht hield. Water kolkte om zijn enkels. De schots stond onder een hoek van bijna dertig graden in het water.

Hij wachtte het goede moment af om verder te springen op Aries stuk ijs. Maar Arie sprong juist verder. Daar had mijn broer niet op gerekend. Maaiend met zijn armen door de lucht verloor hij zijn evenwicht. Toen gleed hij in het ijzige water, graaiend naar houvast. En hij was verdwenen.

Berend en Arie bleven stokstijf staan. Ik trok geschrokken mijn been terug van het ijs. De stilte was ijselijk.

Op hetzelfde moment rende mijn vader over de weg, zijn ogen gericht op die ene schots, waarop net zijn zoon vrolijk danste. Onverwacht atletisch bewoog hij over de schotsen die onder zijn gewicht meteen onder water verdwenen.

Mijn grote vader was sneller en stond in een oogwenk naast de ijsplaat waaronder mijn broer verdwenen was. Op zijn knieën duwde hij de ene schots onder de andere. Ondertussen schreeuwde hij naar Berend en Arie: 'Hou mij in balans. Hou mijn benen vast.'

Het wak dat ontstond, werd meteen weer kleiner. Hij maaide met zijn arm door het zwarte gat. Dook met zijn hoofd onder water.

Ik keek vanaf de kant toe, met suizende oren en een hart dat wild in mijn keel klopte.

Een auto stopte. Buren kwamen aangerend. Boer Bakker, de vader van de tweeling, smeet zijn fiets naast me neer en sprong ook op het ijs. Voorzichtig stapte hij van schots naar schots op mijn vader af. Die kwam even boven, haalde diep adem en verdween weer. Half onder water graaide hij alsmaar in het wak rond.

'Buurman,' schreeuwde boer Bakker. 'Je zoon?'

Opeens had vader beet. Aan een arm takelde hij Joep uit het zwarte gat. De buurman hielp vanaf zijn schots. Samen sjorden ze het druipend lichaam uit het water en wankelden over de schotsen, met mijn broer tussen hen in, naar de kant.

De man van de auto had een deken in de berm gelegd. Zijn jas gooide hij over mijn vaders schouders. Mijn broer legden ze op de deken en mijn vader knielde naast hem neer. Hij blies op zijn mond, duwde op zijn borst. Ik werd opzij geschoven, maar bleef tussen buurmans benen door gluren. Ze draaiden mijn broer op zijn buik, klopten op zijn rug. Vader staarde maar naar hem. Iedereen keek naar zijn witte gezicht dat net nog vrolijk lachte.

'Een dokter, bel een dokter,' riep iemand.

'Hij leeft nog,' riep de man van de auto.

Mijn broer proestte. Water kwam uit zijn mond, zijn oren, zijn neus. Zijn ogen knipperden en hij begon verschrikkelijk te bibberen.

Naast me haalde boer Bakker een paar keer heel diep adem. Hij draaide zich om naar Berend en Arie en gaf ze allebei een paar harde klappen. Ik begon te huilen. Mijn moeder kwam aangerend, zij wist nog van niks. Geschrokken volgde ze mijn vader die mijn broer naar binnen droeg en hem in de deken gewikkeld op de bank legde.

De huisarts zou zo komen. Mijn broer lag bibberend van de kou met gesloten ogen op de bank. Vader nam een douche, mijn moeder ijsbeerde handenwringend door de kamer. Ik klom weer op de stoel voor het raam en staarde in de verte. Op de vaart dreven de schotsen alweer aaneengesloten, net gelijmd glas. Alsof er niets gebeurd was.

NAJADE, DE WATERNIMF

Glinsterend glijdt Najade mee met het water, als een slang met een zilveren huid stort ze de berg af, de vallei in, naar de bedding waar de rivier breed wordt en lieflijker stroomt dan direct na zijn oorsprong. In het diepe midden kolkt het water echter verraderlijk tussen de rotsblokken door. Op de grindoever staan drie auto's geparkeerd. Een man verkoelt zijn voeten in het water waarin de vissen speels aan zijn tenen sabbelen. Een eindje verder staart een visser naar zijn dobber.

Najade wacht af en kijkt toe.

In de verte liggen vier volwassenen in de zon. De vrouwen in bikini, de mannen met brede schouders en smalle heupen in zwembroek. Kinderen spelen aan de oever. Drie jongens bouwen een waterfort met kanalen en sluizen, dammen en stuwen. Heel ingenieus.

Najades blik volgt het meisje dat eenzaam rond slentert. Waarom speelt zij niet met de jongens? Dromerig pakt ze een handvol steentjes en gooit die een voor een in het water. Ze bukt naar een platte steen, loopt ermee naar de oever en keilt deze over het water de rivier in. Drie, vier maal springt hij over het glanzende oppervlak omhoog. Ze kan het goed, keilen, dat heeft ze van die jongens geleerd. Haar broers en neven.

Ze draagt een zwembroekje maar geen bovenstukje. Een jaar of acht oud. Blond haar danst om haar hoofd. Haar schouders zijn bruin. Ze lacht niet. Ze is niet blij en niet verdrietig en niet boos. Ze kijkt neutraal. Toch wil ze graag aandacht, maar weet niet goed hoe ze die moet vragen.

'Jongens, gaan jullie mee zwemmen?' klinkt haar ijle stem over de rivier.

Ze reageren niet, willen haar niet horen.

Ze roept nog eens: 'Ik ga zwemmen hoor?'

'Ga dan,' bromt de jongste, zonder op te kijken.

Teleurgesteld zakt het meisje in kleermakerszit op een grote platte steen. Met haar voeten in plastic zwemschoenen gestoken schuift ze heen en weer door het fijne grind, net zolang tot er twee groeven zijn ontstaan waar water in sijpelt.

Dan staat ze vastberaden op. Ze kijkt uit over het water, in de richting waar Najade zit, maar zien doet ze die niet. Van Najades bestaan heeft ze geen weet. Ze loopt langs haar ouders en oom en tante, grijpt het luchtbed dat achter hen ligt te drogen bij een punt en sleurt het stroomopwaarts achter zich aan.

Najade volgt haar geïnteresseerd. Stuurt de gedachten en bewegingen van het meisje en vele tientallen meters verder loopt ze de rivier in. Het water blikkert in het harde zonlicht, spoelt om haar enkels, over het luchtbed heen, dat zich onmiddellijk aan de richting van het stromende water onderwerpt.

Het meisje grijpt het luchtbed steviger vast en duwt het naar het diepere midden. Water kolkt om haar heupen. Ze tilt één been over het luchtbed heen en gaat zitten. Door haar gewicht zakt het bed meteen onder de waterlijn en drijft als een stuurloos bootje op de stroom mee. Wild peddelt ze met haar armen in het water om een rotsblok te ontwijken. Het luchtbed schuurt over de stenen, bonkt tegen de rots. Ze staat van het bed op om het weer naar dieper vaarwater te trekken.

En ze stapt mis. Naast de rots is een verraderlijk gat. Ze verliest haar evenwicht. Valt. Gaat koppie onder. Het luchtbed drijft zonder gewicht snel verder. Ze tracht op de rots te klimmen, maar in de sterke stroom heeft ze geen houvast. Gemeen schaaft ze haar knie. Ze wordt een spartelende vis, meegesleurd door de rivier.

Najade kijkt glimlachend toe, klaar om het meisje met haar klauwen op te vangen, dit wordt een gemakkelijke prooi.

Weldra zal Najade haar tentakels om haar heen slaan. Hun geesten zullen versmelten. Langzaam zal Najades bloed zich met dat van het meisje vermengen tot het verzadigd is. Tot haar longen zich afsluiten, haar keel samenknijpt. Haar hart zijn laatste slag slaat en Najade volledig in haar is. Het leven van het meisje voor altijd bij haar is.
Inmiddels beseft het meisje dat de rivier geen spelletje speelt, dat het menens is.

'Waternimfen houden niet van spelletjes, daar zijn waternimfen veel te serieus voor,' zegt Najade grimmig tegen zichzelf. 'Zonder kracht weerstaat zij ons nooit, weerstaat niemand ons. De stroom is mijn handlanger, zonder hem heb ik geen zieltjes, geen werk, zullen we maar zeggen.'

Als een zeemeermin schiet het kind door het water. Haar armen en benen steken als vinnen en een staart omhoog.

Ongeveer ter hoogte van de zonaanbiddende volwassenen

maakt Najade zich los van het stromende water en verandert in een zuigende kolk. Najade ziet wat de ogen van het meisje waarnemen als ze zich vullen met een golf water.

Angstig slaat het kind naar de immense plaat van glanzend glas vol gekleurde druppels die gebroken worden in het zonlicht.

De poort in het glas gaat open. Duizend wonderen geschieden als Najade het meisje in haar armen neemt, haar begeleidt naar haar wereld, naar gene zijde. Verrukt ziet Najade haar in de ogen. Het meisje beseft dat dit haar bestemming zal zijn omdat Najade dat weet. Nog één laatste hartslag en de waternimf zal haar bezitten.

En dan plotseling breekt het glas. Druppels spetteren uiteen. Een been trekt zich los. Haar hoofd glijdt uit Najades omhelzing. De nimf rukt aan een arm, hand, haar vingers.

Een andere kracht neemt haar mee. Neemt haar hoofd in zijn handen en zwemt ruggelings bij Najade vandaan. Alsof het geen moeite kost dit kleine meisje aan de kolkende stroom van de rivier te ontfutselen.

Vertwijfeld kijkt de nimf haar na, als een dier wiens prooi zojuist is afgepakt.

Aan de oever staan drie volwassenen en drie kinderen paniekerig te joelen. De oom sleept de kleine onbezonnen meermin op de hete stenen. Druipend en met hangende schouders staat hij na te hijgen.

De vader buigt zich over het meisje en trekt haar opnieuw het leven in.

GEUR VAN GROENE APPELS

Op vrijdag loop ik 's morgens altijd even over de boerenmarkt in Zwolle langs de fruitstal van Dirk, maar vandaag is hij er niet.

'Hij heeft een bruiloft,' antwoordt de man met rode ijsmuts, wanneer ik hem vraag waar Dirk is. Handenwrijvend loopt hij in de marktkraam heen en weer. 'Ik ben zijn neef, soms val ik een daggie voor hem in.'

Ik kijk naar zijn blozende gezicht, die man komt me bekend voor.

Hij herkent mij ook, want meteen zegt hij: 'Zeg, ben jij niet dat meissie van de buren?'

Ik knik aarzelend. 'Ronny?'

We schudden handen en ik pak een groene appel. Net als ik bij Dirk altijd doe, wrijf ik die glanzend langs mijn mouw en bijt erin. Door het gekraak in mijn oren hoor ik niet wat Ronny zegt. Ik proef, en de smaak roept van alles van vroeger naar boven.

'Een notarisappel?' roep ik uit.

'Dat zeg ik ja. Ik dacht vanmorgen, ik neem een paar kistjes mee, van bij ons achter.'

Bij ons achter? Meteen zie ik hun boerderijtje voor me met de grote koeienstal erachter, en de boomgaard. Onze boomgaard, hun boomgaard, slechts gescheiden door een greppel.

Twee huizen langs de weg aan een lang recht kanaal tussen de weilanden, eenzaam en ver buiten het lintdorp in de veenkolonie. Eens hoorden de huizen bij elkaar. Ons huis, een oude herenboerderij gebouwd op jutezakken, zoals mijn vader vroeger beweerde, en het huisje waarin Ronny woonde was de arbeiderswoning.

'Weet je nog?' vraagt Ronny, terwijl hij de drammerige vrouw naast me begint te helpen, omdat ze van de druiven snoept en van iedere tros er een aftrekt.

Ik weet het nog, en zie ons samen tussen de appelbomen in de boomgaard spelen, we hebben allebei een eigen klimboom, we vangen dikkopjes in de sloot. Ja, ik weet het nog, heel goed zelfs, maar ik heb er nooit meer aan gedacht.

Hij lijkt een beetje op zijn vader, met net zulke platte wangen en gesprongen adertjes op zijn jukbeenderen en met hetzelfde gedrongen postuur. Maar hij heeft de goedlachse natuur van zijn moeder en haar blauwe ogen. Gelukkig.

Ronny helpt alweer een andere klant omdat ik geen aanstalten maak om mijn keuze te doen. Dat ik hem vandaag moet tegenkomen. Ronny en zijn ouders zijn uit mijn geheugen gewist. Uitgegumd, gedeletet. Mijn ouders wonen er ook niet meer en ik ben in geen twintig jaar aan de vaart geweest. Geschrokken besef ik dat de jaren, die ik als een sluier over het verleden heb gedrapeerd, bruut wegvallen.

Het is Ronny's vader die me aankijkt met die ijzige blik, die ogen met de kleur van een bewolkte lucht.

Kauwend op de appel met die smaak van mijn jeugd stap ik terug in mijn ouderlijk huis. Het appelkamertje, links naast de voordeur. Behalve appels drogen, werden daar de konijnen gevild en de kippen geplukt. Mijn vader en broers knutselden aan de werkbank met de houten bankschroef. Het gereedschap - de schroevendraaiers, beitels, hamer en zaag - hing in voorgetekende vormpjes aan een bord op de muur.

Ronny hielp vaak mee bij ons thuis. Ik zie ons nog staan, op een rijtje naast elkaar. Mijn moeder boorde het klokhuis uit de appel, ik schilde een ononderbroken slang, dat was natuurlijk de kunst. Mijn broer sneed plakken en Ronny reeg die op stokken. Vervolgens hingen we de stokken met touwtjes aan haken aan het plafond, waar ze zacht deinden

in de droge lucht. De appelringen verdroogden maar be-
hielden hun smaak, en na een paar weken deden ze me denken aan de verschrompelde huid van een gebalsemd lijk.

In de korenblauwe deur van het appelkamertje zat een
ruitje van bobbeltjesglas dat uitzag op de gang met aan de
overkant de deur naar de kelder.

Op de kelderdeur had mijn moeder ooit een levensgrote haan geschilderd met priemende ogen, groene en blauwe veren, oranje poten en een vuurrode kam die trilde op zijn kop.

Mijn adem stokt als ik aan de steile houten trap vlak achter die deur denk. Ronny kijkt een paar keer zorgelijk mijn richting uit, hij kan toch niet weten wat ik denk? Ik staar naar de neuzen van mijn schoenen op de uitgesleten betonnen keitjes van het marktplein. Met mijn voet veeg ik langs de donkere plekken op straat. De vloer in het appelkamertje was van cement en rood gesausd. Ossenbloed. Die kleur. Ik slik en houd mijn adem in. Het was nog lastig geweest die dikke plakkerige koek weg te boenen.

'Ik heb de koeien nog, achttien stuks. 't Is veel werk.' Ronny's stem klinkt als in een droom. Ik sta weer tussen de koeien in hun stal. Tegenover buurman. Tussen ons hangt de voelbare dreiging van een toekomst die we allebei niet willen. Ronny zit een eindje verderop tussen twee dampende koeienlijven te melken en heeft niks in de gaten. Buurman zet een stap in mijn richting, ik doe een stap achteruit en sta met mijn rug tegen de muur. Hij grijpt onder mijn rok. Ik voel die ijzige hand weer, die grijpvingers die achter het elastiek van mijn broekje haken.

In het appelkamertje zat nog een deur, die ging naar de deel. De deel met zijn hoge rieten kap, de zware balken die het dak droegen als een hemellichaam. Een holle ruimte, waar ik hinkelde tussen de hooiwagen en de fietsen. Hier stond de bokkenkar en vaders auto onder een plastic hoes.

Ik grijp me vast aan de fruitstal en sluit mijn ogen. De kou, de kille winters die tot diep in het voorjaar bleven hangen onder het dak tussen het spinrag dat zacht woei in de tocht.

Door de grote deeldeuren kwam je in de achtertuin met rechts het kippenhok naast de aspergebedden van vader.

Dahlia's stonden in de vierkante vakken omzoomd met buxushaagjes die naar kattenpis roken. En daarachter was de muur.

Die muur. Ik herinner me niet dat hij gebouwd werd, sinds mijn vroege jeugd stond die er gewoon, tussen ons en de buren. Door mijn vader eigenhandig gemetseld. Ruim twee meter hoog. Vader wilde buurman niet zien. Dat we hem hoorden, zijn klompen knerpend in het grind, was erg genoeg.

Mijn vader was geen haatdragend mens, integendeel, maar buurman moest hij niet. 'Landverrader, NSB'er', had ik hem eens tandenknarsend horen zeggen. De Duitsers had vader wel vergeven, maar de NSB'ers? Die nooit.

Toch speelde ik met Ronny. Dat mocht. Er was ook niemand anders en een kind kon niet beticht worden voor het kwaad dat zijn vader had aangericht.

'Woon je in Zwolle? Getrouwd?' vraagt Ronny.

Ik knijp in de avocado's en zie hem heel even aan. 'Geef me maar een kilo van je notarisappels.'

Hij pakt een zak, maar wacht nog op mijn antwoord. Nee, Ron ik ben niet getrouwd, nooit ben ik getrouwd.

'Ik woon alleen,' zeg ik ferm. 'Jij?'

'Ik ook.'

'O ja?' Hij ook. Dat had ik niet verwacht.

''t Kwam er niet van. Na pa's dood bleef ik bij mijn moeder wonen, ze kwam er maar moeilijk overheen. Verzopen in de vaart, zeiden ze, maar dat zijn lichaam nooit gevonden is, hè.'

Ik pak de zak appels en doe ze in mijn tas, ik vraag zacht:

'Ronny, wat krijg je van me?'

'Niks toch zeker, kom hier, geef me een pakkerd en kom nog eens bij me langs aan de vaart.'

Ik deins achteruit, maar hij legt zijn grote hand op mijn schouder. De stoppels van zijn baard prikken na in mijn wang als ik wegloop.

Dat de buurman spoorloos bleek te zijn, was voor mijn vader een opluchting, al liet hij dat natuurlijk niet merken. Dat ik als laatste buurman die middag aan de vaart had gezien en dat hij waarschijnlijk verdronken moest zijn, werd geloofd.

Het was een zaterdagmiddag geweest, mijn ouders en broers waren een half uur eerder weggereden en ik plukte een kip voor de volgende dag, want zondag, kipdag. Mijn vriendje zou me 's avonds met de brommer komen ophalen en we zouden gaan dansen in het dorp. In het appelkamertje zat ik op de grond met mijn rug tegen de werkbank, terwijl de veren om me heen dwarrelden. Met het kleine bijltje sloeg ik de poten en de kop eraf en bleef verstijfd zitten toen ik hoorde lopen op het grind.

Klompen. Die stap herkende ik uit duizenden en nog geen minuut later keek ik in het smoelwerk met de couperose wangen en de bleke ogen van buurman. Hij greep me onder mijn arm en trok me omhoog. De stoppels van zijn baard prikten tegen mijn gezicht, zijn glibberige tong likte mijn gezicht, maar ik had het bijltje nog in mijn hand en liet dat neerkomen in zijn nek.

Hij bleef liggen in zijn eigen bloed. Zijn logge lijf heb ik over de drempel naar de overkant van de gang gesleept. De trotse haan keek hoofdschuddend toe, toen ik de deur opende en het lichaam van de steile keldertrap afgooide. Ik haalde een schop en ben gaan graven, na eerst de losliggende tegels aan de kant te schuiven. Ik groef in het slappe veen tot het water naar boven sijpelde, zonder op te zien of te rusten.

Een paar uur later kwam mijn vriendje me ophalen. Ik was net klaar, had gedoucht en me opgemaakt, de rouwranden onder mijn nagels weggeboend. Ik liet hem de geplukte kip zien en vroeg of hij morgenavond bij ons wilde komen eten.

VLAAMSE LIEFDE

Daar loopt hij. Na al die jaren loopt hij voor me uit op de Prinsengracht. Wat heb ik vaak naar dit moment verlangd. Het me voorgesteld, gedroomd, gehoopt dat ik ooit nog eens een glimp van hem zou opvangen. Misschien hem zelfs kon aanraken, een kus planten ergens in de buurt van zijn mond.

Het is onmiskenbaar Mischa. Zijn elegante haastige tred, zijn wat te lange, sluike blonde haar dansend om zijn hoofd. Zijn modieuze, maar versleten kledij. Zelfs nu nog, na ruim vijfentwintig jaar. En ja, daar gaat zijn hand naar zijn voorhoofd, om de haarlok uit zijn ogen te vegen, dat gebaar ken ik zo goed.

Hij stopt, gaat een café binnen. De Prins. Uitgerekend De Prins, de kroeg waar we elkaar voor het laatst zagen. 'Dat wil ik nog wel voor je doen,' antwoordde hij toen op mijn vraag, of liever bevel, dat hij naar mijn afscheidsfeest moest komen. Ik zou een wereldreis gaan maken en had al mijn vrienden uitgenodigd.

Ik twijfel. Doorlopen en hem voorgoed vergeten, buiten wachten en hem straks naar zijn huis volgen, of naar binnen stappen en hem confronteren met mijn aanwezigheid? Zou hij ooit nog aan me gedacht hebben? Zou hij me nog herkennen?

Verdomme. Net als toen sta ik me te verbijten als een verliefde tiener. Weer heeft hij het voor elkaar om me volledig in de war te brengen.

Nieuwe opleiding in een vreemde stad. Schools, braaf, ik verveelde me daar. De medestudenten waren bleu, spraken een andere taal. Zelfs na twee weken voelde ik weinig behoefte me bij iemand aan te sluiten.

Het lokaal waarin we civiele techniek hadden lag naast de hoofdingang. Oninteressant vak, slechte docent, tussen de kieren van de luxaflex door tuurde ik naar buiten. Haastige voetstappen wekten me uit een dagdroom. Een mooie en interessante man liep langs. Leren tas aan zijn schouder, de slippen van zijn regenjas waaiden achter hem aan. Hij was veertien dagen en ruim anderhalf uur te laat en het leek hem niets te kunnen schelen.

In de pauze zag ik hem staan. Dromerig dwaalden zijn ogen over de Belga rokende groep landgenoten in het gangetje van het noodgebouw. Ook hij was op zoek naar iemand die anders was, iemand die iets te vertellen had. Onze blikken kruisten elkaar, haakten in elkaar, glimlachten. Voor ik er erg in had stond hij tegenover me, bleef me aankijken, bruine stipjes in groene ogen. Hij pakte de ketting om mijn hals. Aanraking, meteen al. Koele vingers tegen mijn huid.

'Afrikaans?'

'Nee, Grieks.' Zware kralen van gekleurd glas, het was een bellenkoord geweest waar ik een ketting van had gemaakt.

'Ah wel. Ik ben gisteren uit Zaïre teruggekomen. Mijn zuster woont daar.'

'Ik ben Nederlandse.'

Hij knikte, dat vermoedde hij al.

Hij bleek al in het tweede jaar te zitten, deed dat opnieuw, was er een halfjaar geleden tussenuit geknepen. De bel ging en we waren druk in gesprek.

Als laatste kwam ik terug in het lokaal. Zijn glimlachende ogen kleefden nog steeds op mijn gezicht, zijn lippen bleven tegen me praten, weer nam hij het gewicht van de ketting om mijn hals weg, en gloeide mijn huid op de plek waar zijn vinger was langs gestreken.

De rest van onze studietijd waren we iedere pauze samen. We filosofeerden over architectuur, vormgeving, de wereld, het leven. Ik sprak over mezelf, hij vermeed het om echt persoonlijk te worden. Mijn directe nieuwsgierige vragen beantwoordde hij met éénlettergrepige woorden. De reden van zijn vertrek naar Afrika vorig jaar liet hij in het midden.

We lachten veel, daar was hij goed in. Lachen, fantaseren, ernst ontmantelen. Kom niet te dicht bij me. Hij trok me aan zonder dat hij het besefte. Gaf hij me een stukje vinger, ik greep gulzig zijn hele hand. Geschrokken duwde hij me dan van zich af en trok een pantser om zich heen. Ik wachtte, als een in de hoek getrapte hond, op een vinger die weer naar buiten kroop, wanneer hij schaterend lachte om een grapje dat ik maakte of zijn ogen me weer écht zagen. Als hij me voor iets nodig had. Soms was hij dichtbij, meestal was hij mijlen ver weg.

Hij fascineerde me.

Eén keer probeerde ik het, trok de stoute schoenen aan, wetend dat ik alles kapot kon maken.

'Mischa.'

'Ja.'

'Mag ik je wat zeggen?'

'Jij mag me alles zeggen, dat weet je toch.' Vizier wagenwijd open. Ik durfde.

'Ik hou van je. Ik wil met jou verder, ik wil je aanraken, met je vrijen.'

Bats, vizier dicht. 'Ik kan dat niet.'

'Zeg het me dan toch gewoon,' probeerde ik nog. 'Waarom niet?'

Hij kwam er niet op terug. Nooit. Híj kon het niet, wilde het niet. Hij wilde mij niet, niemand niet.

Wat had hem toch, nog niet zo lang geleden, zo erg gekwetst, bleef ik me afvragen. Het zou nooit meer worden dan dat wat er was, en ik was in het stadium dat ik met alles tevreden was. Maanden ging het goed. Samen op vakantie, slapen in een bed. Met mijn grote teen maakte ik contact, hij trok zijn voet weg en deed of hij sliep.

Mijn liefde voor hem was machtig, werd mij té machtig.

Enkel als ik alleen was, beleefde ik die in volle glorie, ik dichtte, schreef, droomde van een erotiek die zijn weerga niet kende. Tot ik het niet meer aankon, ik overwoog zelfmoord, schreef hem pathetische afscheidsbrieven, die ik nooit verstuurde. Nooit heeft hij beseft hoe gigantisch mijn gevoel voor hem was.

Hij ging stagelopen in Venetië. We schreven elkaar brieven, de mijne waren langer en frequenter dan de zijne, maar toch, hij schreef terug. Hij nodigde me uit voor het carnaval in februari. Een romantischer omgeving en entourage kon ik me niet voorstellen. Dit was het moment. Daarop had hij gewacht. Hij had zijn gevoelens voor mij herkend, hij miste me. Hij zou me meenemen naar een sfeervol restaurant, had een cadeautje voor me. Misschien wel een ring. Hij ging vertellen over zichzelf, samen een nieuwe start maken.

Niets van dat al. Hij praatte over architectuur, zijn werk, de stad. En ik? Zette mijn platonische pet maar weer op, verkilde vanbinnen en speelde het spel opnieuw mee.

Parijs. Dit keer nodigde ik hem uit. We dwaalden door de stad, ik wilde verliefd op hem mogen zijn. God, wat wilde ik dat graag. Maar ik kon het niet meer opbrengen. Het gloeiende vuur was gedoofd. Zijn klinische afstandelijkheid had me vermorzeld. Wat had ik veel gepikt, gedroomd, gehoopt, mezelf voor de gek gehouden.

Amsterdam. Ik vond een baan voor hem, regelde een kamer bij vrienden, kwam zo vaak als ik kon. 'Om samen leuke dingen te doen.' Maar het lukte niet meer. Zijn afstandelijkheid werd een ijspegel. Mijn pogingen zielig, krampachtig. We konden niet meer praten, niet meer lachen, het enige dat ons altijd verbonden had. Het werd me duidelijk dat onze vriendschap nooit echt door de opperhuid heen gebroken was.

Hij werd grof en voor het eerst probeerde hij echt van me af te komen. 'Eerst vond ik je interessant. Maar je werd een klit in mijn haar. Je hing aan me, ik kon niet meer van je los komen. En dat wilde ik ook helemaal niet want je zorgde goed voor me. Alles deed je om me het naar de zin te maken.'

De cafédeur zwiept open. Twee mannen komen naar buiten. Even kijkt Mischa me aan. Hij lacht, maar niet naar mij, ik herken de rimpels om zijn mond die net zo ontstaan als de kringen om een steen die je in het water gooit. Hij is ouder geworden, maar hetzelfde. Samen lopen ze de gracht op. Speels slaat hij zijn arm om de schouder van de andere man.

Met gemengde gevoelens kijk ik ze na. Ik wist het. Natuurlijk wist ik het wel. Alleen hoop maakte me blind. Hij kan het wel, alleen niet met mij.

HET HUIS MET DE BOUGAINVILLE

In de slaapkamer trek ik mijn tekenmap achter de kast vandaan. Losjes bladerend door de aquarellen die ik jaren geleden maakte, is het alsof ik achteruit door mijn leven wandel.

Ik herinner me al die schetsen weer als de dag van gisteren: het doorkijkje in het Franse straatje, de glooiende landschappen, wolkenluchten, het stilleven van vruchten op een tinnen bord, en de hele serie houtskoolschetsen van naaktmodellen die ik tijdens de schilderles maakte.

Lang staar ik naar de aquarel van het Franse huis. Het pannendak bleef een vage rode vlek, de groene luiken zijn niet af, de bougainville is te paars. De blauwe klodder onder de dakgoot is daar en toen opgedroogd. Die dag in augustus met Tom, toen de krekels oorverdovend tsjirpten en de zon op mijn schouders brandde.

Met een groepje amateurschilders van de dinsdagavond huurden we in Zuid-Frankrijk vlak bij een dromerig stadje een chateau. Het huis met een enorm terras stond hoog op een heuvel en zag uit over korenvelden die goudgeel het zonlicht weerkaatsten.

Voor ons slingerde een rivier als een slang door het landschap, licht en schaduw speelden tikkertje op het water. Een paar kilometer naar links prikte de torenspits van een kerkje in de azuurblauwe lucht. We wandelden erheen en ontdekten dat alle huizen rond de kerk leeg stonden. De deuren waren dichtgespijkerd, de grafzerken achter het kerkje scheefgezakt en met wilde bloemen overwoekerd. Het huis met de gepleisterde muren, groene luiken en een bougainville in een verwaarloosde tuin trok mijn aandacht.

'Laten we hier een kunstenaarsdorp maken,' riep ik enthousiast op de terugweg en kreeg meteen bijval. De rest van de week fantaseerden we over ons nieuwe Franse leven dat in het teken van de kunst zou staan. Daar is het bij gebleven. Een mooie droom.

De volgende dag gingen de anderen zwemmen. Tom, Han, Karen en ik wandelden door het holle paadje door de velden terug naar het verlaten gehucht. We droegen zonnehoeden en sjouwden onze schildersezels, penselen, verf en aquarelblokken onder de arm mee. Ieder vond een pittoresk doorkijkje en achter onze veldezels leken we net echte impressionisten.

Tom en ik stonden vlak bij elkaar. Ik had mijn plek zorgvuldig in zijn buurt uitgekozen. Soms gluurde ik naar zijn doek. Hij schilderde een stenen muur met veel lucht, haast abstract. Het leek hem goed af te gaan. Ik deed een poging om het huis met de bougainville te schilderen.

'Kom eens kijken,' riep hij me. Naast hem, op het afgebrokkelde muurtje had hij twee parende bidsprinkhanen ontdekt.

Samen bestudeerden we ademloos die beestjes met hun aparte lijven en ogen die je zo wijs aankeken.

Ik maakte foto's, Tom maakte grapjes.

Aan het eind van die zinderende dag vonden we de anderen terug op het terras van de plaatselijke kroeg. Ze vertelden enthousiast van de zwemplek in de rivier en voortaan zochten we na een warme schilderdag daar verkoeling alvorens in onze stamkroeg een glas Pastis te gaan drinken.

Tom schoof zijn stoel naast mij en legde zijn arm over mijn rugleuning. Zijn vingers leken elektrisch geladen als ze de haartjes in mijn nek beroerden. Kippenvel gleed over mijn armen; hem negeren was het enige wat ik op dat moment kon doen.

Halverwege de week brak een fel onweer los. We hingen over de balustrade van het terras en keken naar de flitsende bliksem tussen de inktzwarte wolkenslierten. Terwijl de regen op het pannendak ratelde, kropen wij binnen rond de majestueuze open haard waarin Han een vuurtje had aangelegd.

In de verweerd leren fauteuils dronken we wijn en het gesprek meanderde van kunst, naar relaties, ouders en kinderen.

Tom luisterde betrokken, stelde doelgerichte vragen en ontlokte aan iedereen een persoonlijk verhaal.

De een had een stressvolle baan, de ander was de zorg voor zijn ouders beu. Lisa woonde met twee puberdochters in een kleine flat. Karen hield een lange klaagzang over haar man en zijn gebreken. Han was kortgeleden gescheiden en had daar duidelijk nog moeite mee.

De rook van Toms shagje kringelde voor zijn gezicht, toen hij met samengeknepen ogen intens naar mij keek: 'En jij? Vertel op, wat is jouw diepste verlangen?'

Ik was de jongste van het stel en ongetrouwd, leidde een zorgeloos bestaan, had een goede baan in een ziekenhuis, leuk huis. Maar ging ik de anderen aan hun neus hangen dat ik snakte naar een man en een paar mooie kinderen?

Met een stralende glimlach naar Tom veerde ik op en greep de fles om alle glazen nog eens bij te vullen. Intussen legde ik mijn hand troostend op Han's schouder, handig de aandacht van mezelf afleidend. Die avond ontsprong ik de dans van het vuurpeloton. Evenals Tom zelf trouwens.

De dagen na het onweer bleef het tergend heet. Frankrijk in augustus. We schilderden, zwommen in de rivier, dronken liters wijn en hadden een harmonieuze week. Ik weet niet wiens idee het was, niet dat van mij in elk geval, ook niet van Tom. Karen denk ik. Op de laatste avond, ver na middernacht te midden van vele lege flessen, spreidden Lisa, Karen, Han en ik onze slaapzakken op het terras uit. Lacherig kropen we naast elkaar op de harde plavuizen en keken naar de sterren boven ons hoofd. Karen klopte naast zich, en zei: 'Doe niet flauw, Tom, kom er ook bij.'

Tom wierp een uitdagende blik op Karen en Lisa. Mijn smachtende blik vermeed hij. Met zijn wijsvinger deed hij iet-wiet-waait-weg, alsof we kleine meisjes waren en wees toen op mij. Hij dook op me en kroop lachend naast me in mijn slaapzak. Waarom niet bij Lisa of Karen? dacht ik verlamd, zij hadden immers steeds zijn aandacht opgeëist. Later verzekerde hij me dat hij dit al vanaf dag een van plan was geweest. Er was geen toeval in het spel.

Ter plekke versmolt mijn huid met de zijne, mijn handen streelden zijn heupen en platte buik, zijn fluisterende adem tegen mijn oorschelp en ik vergat alles. De hele week bleek de elektriciteit tussen Tom en mij geknetterd te hebben en helemaal niet tussen hem en Karen of Lisa, zoals ik had gedacht.

Terwijl bij ons de vlam in de pan sloeg, luisterden de anderen met ingehouden adem naar ons minnespel. We beseften het net op tijd en met een verontschuldiging verlieten we schielijk het terras. In het holst van de nacht slopen we naar Toms tent in de boomgaard, waar we ons opnieuw aan elkaar overgaven.

Dat niemand een oog had dicht gedaan, bleek de volgende ochtend pijnlijk duidelijk. Zwijgend ontbeten we. Karens gezicht was vertrokken tot een jaloerse grimas, Lisa was zichtbaar geschokt en de mannen zinspeelden op onze vrijage met flauwe grappen.

Na die vakantie bleven Tom en ik elkaar zien. Na onze schilderavond op dinsdag ging hij soms met me mee naar huis. We bedreven de liefde. We spraken over van alles tijdens een laatste sigaret, de asbak op mijn blote buik. Zijn vrouw Suzanne, zijn kinderen, zijn werk, mijn werk. Een toekomst samen bespraken we echter nooit. Steevast, voor de nacht helemaal ten einde was, tegen de glorende ochtend, vertrok hij weer.

Een jaar later huurden we met hetzelfde clubje, zonder Karen, die had nooit meer iets van zich laten horen, opnieuw het chateau in Frankrijk. De eerste dag liep ik kordaat met mijn ezel en schildersspullen naar het verlaten gehucht. Ik wilde alleen schilderen, maar Tom kwam me achterna.

'Ik wil schilderen wat jouw ogen zien,' hoorde ik hem achter me zeggen en mijn hart miste een slag. De vlinders in mijn buik vlogen op en streken met een vlaag van misselijkheid neer in mijn keel.

Het verlaten gehucht bleek nauwelijks veranderd, de bougainville slingerde nog even uitbundig bloeiend langs de gevel van het huis met de groene luiken.

Tom zette zijn ezel stevig op de grond, met zijn rug naar het huis en mij in zijn vizier.

'Je zit onder mijn huid,' zei hij. Het klonk me poëtisch in de oren. Mooier dan Frank Sinatra het ooit zong.

Met nieuwe energie begon ik aan het huis met de bougainville, zoals ik het in gedachten noemde. Het ontstond als vanzelf toen ik een grijsblauwe schaduw onder de dakgoot zette, rode dotten verf voor het dak die in het vochtige papier vloeiden. Ik trok verticale groene strepen voor de luiken en de bougainville werd te paars. Wat had ik zitten knoeien om de juiste kleur te krijgen.

'Tom, ben je gelukkig met Suzanne?' vroeg ik aan hem. Schoorvoetend.

Zijn onomwonden 'nee' klinkt nog in mijn oren.

'Kan je niet bij haar weg?'

'Ik zou wel willen, maar dat gaat niet.' Feilloos wist hij mij hoop te geven, zonder iets te beloven.

'Om je kinderen?'

'Nee, om iets wat er is gebeurd.'

'Wil je het me niet vertellen?'

'Doet er niet toe, tenminste niet voor ons tweeën.' Dat had ik te respecteren.

'Ze is jaloers en achterdochtig, maar ze weet dat ik bij haar blijf als ze me vrij laat.'

Later hoorde ik bij toeval van Han dat Toms vrouw na een hersenbloeding deels verlamd was geraakt.

Hij wilde me, maar het kon niet. Ik wilde hem en het mocht niet. We waren aan elkaar verslaafd maar we moesten de stroom eraf zetten. In bijzijn van de anderen leek er niets tussen ons aan de hand. Onze verholen blikken waren alleen voor elkaar bestemd. In zijn oogopslag achter de kringelende rook van zijn sigaret, zag ik wat hij dacht. Onze verstilde gebaren, een geheimtaal die alles uitdrukte. Dat ik vanbinnen brandde van verlangen was voor niemand zichtbaar, dat mijn huid gloeide, zag alleen hij. Meer dan onze schilderavonden en een handvol gestolen nachten zouden we nooit met elkaar delen.

Zwijgend schilderden we in dat Franse gehucht tot hij naast me kwam staan. Met zijn hand op mijn schouder bestudeerde hij zogenaamd mijn aquarel en zogenaamd deed ik of hij daar niet stond. Plotseling verlegen doopte ik mijn penseel in een klodder ultramarijn en zette een streek onder de dakgoot. Veel te zwaar. Glimlachend keek ik naar hem op en boorde mijn blik in de zijne. Hij glimlachte terug en kneep zachtjes in mijn sleutelbeen: 'Dit is ons huis.'
 Ik knikte, sprakeloos. Ons huis? Als dat toch eens waar mocht zijn.
 'Zullen we elkaar vandaag over twintig jaar hier weer ontmoeten?' fluisterde hij in mijn oor. Voorzichtig dirigeerde hij me naar de grond, tussen de wuivende grashalmen schoven we in elkaars armen.
 'Waarom niet volgend jaar al?' vroeg ik nog. 'Wij samen?' Zijn kus benam me de adem.

Uiteindelijk wist ik een punt achter onze uitzichtloze relatie te zetten. Vooral het op hem wachten brak mij op. Altijd die hoop dat hij onverwachts op mijn stoep zou staan met de boodschap: 'Ik ben bij haar weg.' Altijd hield ik er rekening mee dat hij kon bellen of onverwacht zou langskomen. Het heeft me wat moeite gekost hem te vergeten. Jaren. Maar langzaam wist ik mijn liefde voor hem weg te wassen als de waterverf op mijn schilderij. De kleur werd steeds bleker.
 Ik heb nergens spijt van, of toch wel? Als Tom toen niet in mijn slaapzak was gekropen, maar in die van Karen had ik vast ergens een andere man ontmoet. Eentje die er wel voor mij was, op wie ik niet hoefde te wachten.
 En, en, en. Ach, wat doet het er nog toe. Alles is lang geleden… Twintig jaar. Deze zomer. Volgende week om precies te zijn, de vijftiende augustus. Zal ik teruggaan naar dat

huis? Om wat te doen? De aquarel afmaken? Of stilletjes hopen dat ook Tom op tijd aan onze afspraak denkt. Als hij nog leeft, zijn vrouw nog leeft?

Ik doe de aquarel terug in de map, sta op en blader in mijn agenda. Volgende week heb ik nauwelijks afspraken, ik kan alles verzetten. Waarom doe ik het niet gewoon, in mijn auto stappen en naar Zuid-Frankrijk rijden? Wat let me om daar in dat gehucht deze aquarel af te maken? Ik heb immers niets te verliezen. Aarzelend haal ik het vel papier weer uit de map en span het op mijn tekenplank.

Zonder ook maar een enkele verwachting te koesteren rijd ik naar het zuiden. De weersomstandigheden zijn perfect; blauwe lucht met een paar dromerige wolkjes in de verte, sloom makend weer. In een bed & breakfast in het stadje huur ik een kamer en met een hoofd vol herinneringen wandel ik naar het verlaten gehucht. Door de jaren heen is het dorp veranderd in een ruïne van tegen elkaar hangende muren met gaten, steenhopen waar hele bomen uitgroeien. Aan het eind van het eens zo pittoreske straatje schemert een grauwe gevel. De dakgoot hangt los. De bougainville is verwilderd en van de luiken moet ik de groene kleur verzinnen. De tuin eromheen is een woestenij. Het tuinhekje klemt, maar als ik het iets optil, gaat het piepend open.

Er is geen kwestie van dat ik mijn aquarel kan afmaken, dit is een ander huis geworden. Teleurgesteld loop ik eromheen en gluur door een kapot raam naar binnen. De hoop die al twintig jaar ergens onder mijn hart smeult, dooft. Ik lijk wel gek om te denken dat Tom hier zou zijn. In zijn leven was ik niets meer en niets minder dan de uitsparing op het witte papier.

Gedecideerd verscheur ik de aquarel van het huis. Met mijn maagdelijk blanke aquarelblok ga ik op een stenen rand zitten en schilder met een paar ferme penseelstreken een scheefgezakt bakhuisje met een uit de kluiten gewassen hortensia ernaast.

Vastbesloten om van dit weekje vakantie te genieten, alleen, zonder verloren liefde, vergeet ik alles om me heen. Met gesloten ogen luister ik naar de vredige rust, de krekels in de bomen, geurende bossen tijm en lavendel, zelfs een bidsprinkhaan springt voor mijn innerlijk oog.

Ineens komen knerpende voetstappen naderbij. De zojuist gedoofde hoop vlamt op en klopt als een moker in mijn keel. Ik duik weg in de schaduw van een struik en gluur met samengeknepen ogen naar de manspersoon die zoekend rondloopt. Net als ik lijkt hij verbaasd over de staat waarin het dorpje verkeert. Ook hij gluurt door het gebroken venster naar binnen.

Ik sluip tevoorschijn en blijf vijf passen achter hem staan. Als hij zich omdraait, zie ik de uitdrukking op zijn gezicht veranderen. Zijn ogen worden groot en beginnen te glanzen, zijn lippen krullen tot een lach, zijn vertrouwde lach. Zijn vingers friemelen aan de zoom van zijn T-shirt.

'Wat doe jij hier?' vraag ik sullig.

'Hetzelfde als jij.' De ontwapenende blik is voor mij en ik smelt.

Zijn beloften destijds waren niet loos.

Aarzelend zegt hij: 'Ik zoek mijn hart dat ik hier twintig jaar geleden verloren ben.'

Ik leg mijn hand op zijn borstkas, eronder gaat zijn hart als een razende tekeer. Hij legt zijn hand op mijn hart dat in mijn keel klopt. Het is echt. Wij samen zijn echt.

Mijn stem is schor als ik zeg: 'Toevallig. Ik heb dat toen in mijn zak gestoken en voor je bewaard.'

Met een grijns van oor tot oor trekt hij me in zijn armen. Hij ruikt nog hetzelfde. Onze monden vinden elkaar voorzichtig; hij smaakt hetzelfde.

Als ik mijn ogen weer opendoe, sta ik alleen. Een grasspriet kriebelt tegen mijn been, de zon brandt op mijn huid. Ik druk mijn hoed stevig op mijn hoofd, pak mijn aquarelleerspullen bij elkaar en verlaat langzaam, zonder ook maar een gedachte te laten binnenkomen, de ruïne.

FANTOOMPIJN

'Mem, Tjebbe heeft me meegevraagd als zeilmaat op zijn vaders skûtsje, leuk hè.' Mijn dochter komt enthousiast de huiskamer binnen.

Ik knik, ben blij voor haar. Tjebbe is haar eerste vriendje. Maar ik denk ook, daar gaat ze, mijn dochter, zeilend de wereld in.

'Waar gaan jullie heen?' vraag ik, me realiserend dat ze niet een dagje zeilen op de Fluessen bedoelt.

'Een lang weekend Terschelling. We varen bij Harlingen naar buiten en steken dan met hoog water over. Tenminste, als de wind goed staat en het niet te hard waait.'

'Mm, ik weet niet of ik net zo enthousiast ben als jij.'

'Nee, hè. Mem, je gaat niet moeilijk doen.'

'Moeilijk doen? Lieverd, je bent net zestien.'

Afke trekt stoïcijns haar schouders omhoog en recht haar rug. 'Tjebbe wil graag droogvallen. Dat lijkt ons zo gaaf, midden op zee zijn en toch over de bodem lopen, met het slik tussen je tenen.'

'Dat is niet ongevaarlijk, hoor,' breng ik zacht te berde.

'Weet Tjebbe wel hoe dat gaat?'

Ze rolt met haar ogen en duwt de keukendeur open. 'Thee?' vraagt ze, om mij te paaien. In de keuken vult ze de waterkoker.

Ik draai mijn rolstoel en ga achter haar aan. Het geeft me tijd om mijn standpunt te bepalen. Afke weet niet wat ik weet over droogvallen. Nooit heb ik haar verteld wat er echt gebeurde, toen. Mijn hand glijdt langs mijn knie. Lager, totdat ik mijn vingers niet meer op mijn been voel.

In gedachten sta ik weer mee te deinen op de voorplecht van de klipper die zich door de golven ploegt. Het buiswater slaat in mijn gezicht, druipt in mijn hals. De zoute druppels van de zee, de tranen op mijn wangen.

Mijn broer stond aan het roer. Tijdens mijn drie maanden zomervakantie na mijn studie was ik scheepsmaat op zijn tweemastklipper Vrouwe Antje, het schip dat hij naar ûs mem vernoemde. Hij verdiende zijn brood door met groepen schooljeugd te varen, Youth for Christ en moeilijk opvoedbare jongeren, vaak uit Duitsland. Onder zijn bezielende leiding en dat van de maat werkten de jongelui mee op het schip.

'Klar zum wenden? Los.' Mijn broers stem bulderde tegen de storm in. De boeg gooide zich in de wind. De fokkenschoot werd gevierd en het voorzeil ontworstelde zich aan het korset van de strakke wind. Klapperend sloeg de fok boven het voordek.

Langzaam draaide de steven door de wind, achter me hoorde ik het lijzwaard vallen en de giek met het grootzeil naar lijzijde zwenken. Eitje, ondanks de harde wind deed mijn broer dat heel bedreven, er waren nog nooit koppen gesneld.

'Anziehen,' schreeuwde ik naar de twee Duitse ex-crimineeltjes uit het Roergebied. De jongens haalden de fokkenschoot door en zetten die onder mijn goedkeurende blik vast op de klamp. Door het gangboord roffelde ik naar het achterdek. Ik droeg geen bootschoenen, maar cowboylaarzen met schuine hakken onder een vale spijkerbroek en een manchester schippersjack dat naar zout en zweet rook.

Drie pukkelige jongens beukten op de lier om het loefzwaard op te hijsen. Zweetdruppels sprongen van hun voorhoofden. Ik grijnsde. Grapje van mijn broer, die had de pal niet opgetild. Nonchalant haalde ik de pal omhoog en draaide met mijn pink de rest van het zwaard langszij.

Mooi, we liepen weer, nauwelijks hoogte verloren, zag ik.

Topactie, zus, gebaarde mijn broer met zijn duim omhoog.

De rust keerde weer, de houten kloten kraakten tegen de mast, de schoten zongen in de wind en de golven braken op het schip. De Duitse jongens bloosden van inspanning en de kille regen op hun onbehaarde wangen. Vrouwe Antje had er zin in, ze hing op een oor, zeewater golfde door de gangboorden.

'Zet je de kluiver bij? Voorlopig hoeven we niet overstag,' riep mijn broer.

Dat lieten we niet aan de gasten over, stel dat zo'n joch misstapte in de mazen van het kluivernet. Ik knikte, liep naar het voordek en klom op de kluiverboom. Liet me zakken en sloeg mijn hakken achter de touwen en danste door het kluivernet. Aan de voorstag haakte ik het kleinste zeil. Onder me gaapte de haaienmuil van de zee, spuwend en schuimbekkend het witte sop dat me zou wegslikken als ik de golven raakte.

Ik hield me groot.

Die onbezonnenheid hoorde bij mijn jeugd. Mijn studietijd was ten einde, mijn werkzame leven nog niet begonnen. Ik verkeerde in niemandsland, met boven me de wijde lucht en onder me de golvende zee. Hoewel mijn broer en ik soms wat kruiden in onze sjekkies deden, kende ik geen beter geestverruimend middel dan de elementen om ons heen.

Ik sprong weer op het dek en herademde. Twee meisjes, de enigen die niet zeeziek onderdeks lagen te kotsen boven een emmer, hesen de kluiver omhoog.

De kraag van mijn jack zette ik hoog op, het buiswater wiste ik uit mijn ogen en ik balanceerde terug naar het achterdek.

Naast mijn broer aan het roer, sjekkie in zijn mondhoek wollen muts op zijn hoofd, bewonderden we zijn volgetuigde schip, dat als een warm mes door koude boter, de golven doorkliefde. Ik greep naar het pakje shag in zijn borstzak en draaide een Javaansche jongen. We rookten zwijgend de zeelucht uit onze longen. Een uur later naderden we Terschelling.

Ik haalde de kluiver binnen en gebaarde de meisjes die op
te vouwen. Gestaag liet ik op de lier het grootzeil naar beneden, met zijn zessen op een rij stonden de jongens langs
de giek. Meteen opvouwen. Voor we in de haven waren, zat
het grootzeil onder zijn huik.

Op het fokje liepen we binnen, pas op het laatst slingerde
mijn broer de motor aan en streken de aangewezen fokke-
nisten op bevel het zeil. Plok plok, plok plok, trilde de motor zacht onder het achterdek. Met zijn achteloze routine
draaide mijn broer zijn dertig meter lange schip in de even-
zo brede kom van de haven. Vijf centimeter achter. Onze
Friese vlag scheerde over het Duitse dek van een motor-
kruiser, de eigenaar met zwarte schipperspet zat op het achterdek al aan de Schnaps.

Onze Duitse achterstandsjongeren stonden klaar met
stootkussens op het zwaard en alle uitstekende hoeken van
ons schip om te zorgen dat het hagelwitte buurschip geen
schrammetje zou oplopen.

'Hände innenbord,' riep ik naar een meisje, dat dacht met
één hand het schip te kunnen afhouden.
Niet genoeg ruimte voor, ik liet de kluiverboom nog eens
twintig centimeter opdraaien. We lagen. De motor draaide
stationair. Applaus klaterde door de haven.

Mijn broer trok zijn schippersmuts af en wiste zich het,
voor anderen onzichtbare, zweet uit de nek.

Ik zette de gasten aan het werk. Schoten en vallen moesten worden opgeschoten, zeilen gevouwen, dek geschrobd.
En iemand moest vast beginnen met aardappels schillen.

De gasten aan het werk, mijn broer en ik op het achterdek
aan de Beerenburg. Ik voelde mijn stijve spieren ontspan-
nen, de verwaaide haren, bruine kop en zilte lippen.

Deze herinneringen heb ik nooit met Afke gedeeld. Haar
moeder een zeebonk? Ze zou het zich niet kunnen voorstel-

len. Ik heb de beelden nooit willen herbeleven en ze verbannen naar de achterkant van mijn geest. Nooit heb ik meer willen denken aan de wind en de ruimte en de stoere schippers met wie ik soms het bed deelde. Nu ik de moeite neem, proef ik de teer weer in hun baard, hun sterke armen als touwen om me heen, het klotsen van het water, het fluiten door de vallen. Sterren aan de nachtelijke hemel en de geur van een bedompte roef.

Afke weet niet dat een wad zonder water lijkt op een drooggevallen woestijn. Hoe in geulen verdronken visjes zieltogend spartelen in een bodempje water. Dat het bedrijven van de liefde op een zandbank, in het midden van de leegte, wel iets anders is dan vrijen op een studentenkamer onder een broeierig dekbed. Dat de ribbels in nat zand van een leeggestroomde zeebodem en het zuigend geluid van grauw slik aan mijn benen, het laatste is wat ik heb gevoeld.

Liever wil ik haar dat keerpunt in mijn leven onthouden. Moet ze het weten? Moet zij ook de echo van mijn schreeuw horen, die toen over het wad galmde, daar, die dag in september, toen Arne en ik speelden dat we dood waren?

Het was zo'n zeldzaam mooie nazomerdag. Mijn broer had een weekend geen verhuur en een schare vrienden kwam uit Amsterdam aan boord. We zeilden over het IJsselmeer, door de sluizen van Kornwerderzand met ruime wind het wad op.

Windstil, strakblauw, onafzienbaar de ruimte. Loom lagen we in de schaduw van het grootzeil. Fela Kuti, Baobab, Senegalese muziek schalde uit de gettoblaster op het dak van de roef. 's Avonds lagen we voor anker ergens onder Schiermonnikoog.

Arne en ik hadden elkaar ontdekt, hij studeerde theologie in Utrecht en droomde van Christus op een speelse manier. Hij wilde ook over het water lopen. Wij stonden lachend aan dek, hingen aan de stagen en over de reling en genoten van zijn halsbrekende en hartverwarmende acrobatische toeren op de ankerketting.

Met zijn allen zwommen we bloot in de door plankton verlichte Waddenzee. Arne sprong van het voordek in het water, fluorescerende druppels spatten van zijn lichaam, opgetogen riep hij: 'Ik ben verlicht, zien jullie nu wel. Ik heb de hand van God aan me.'

De volgende morgen werden we wakker van het zacht slissend geluid van wegstromend water. Vrouwe Antje lag op een oor, het zwaard stevig in het slik van de zeebodem. De ankerketting hing in een flauwe boog langs het schip.

Bloot gingen Arne en ik van boord. We dwaalden onder de zon, die op volle kracht zijn stralen op ons neer liet dalen. Gefascineerd zochten we op de zeebodem naar schelpen. In de verte hielden een paar zeehonden ons in de gaten en overal foerageerden watervogels, sternen en steltlopers, met hun lange snavels in het slik.

Arne en ik wilden de euforie van onze juist ontloken liefde voortzetten. Hand in hand zwierven we rond, op zoek
naar een zandbank waar we opnieuw onze lichamen konden
verstrengelen in een wereld ver weg van de bestaande.

'Zo voelt het als je dood bent,' zei ik tegen Arne.

Dat was koren op zijn molen. 'Ja, dit is de hemel.'

In onze dode wereld raakten de twee enige kleuren, lood-
grijs en zandgeel, elkaar op de horizon. Vogels stonden als
tekens in de lucht. We merkten niet dat de geulen om ons
heen weer volstroomden. Kietelend water aan mijn rug
deed me opspringen. Met de hand boven de ogen tuurden
we tegen het licht in. In de verte dreef ons schip. De zee
kwam terug en vrat aan de zandbanken. We begonnen te
rennen, trokken onze voeten met moeite los uit het slik. De
laatste meters legden we half wadend, half zwemmend af.

Aan boord was men bedrijvig bezig. De zeilen lagen klaar
om gehesen te worden. Iemand gooide de touwladder naar
buiten. Arne klom voor me omhoog op het dek waar twee
vrienden uit Amsterdam prutsten aan de ankerlier. Met grote slagen haalden ze handmatig de ketting binnen. De lier
werkte niet en de ketting lag als een hoop oud roest op het
dek. We voeren al. Fela Kuti's stem schalde door de lucht.

Het duurde even voordat ik aan boord kon komen. Mee-
zwemmend met het schip verloor ik snel afstand, maar Arne hield de vaarboom buiten boord. Die greep ik vast en hij
trok me naar de touwladder. Ik klauterde omhoog en sprong
op het voordek, precies in de chaos van de ankerketting. die
op dat moment met een ratelend geluid terug de zee in werd
getrokken. Als een slang sloeg de ketting om mijn benen en
zette me muurvast. Ik gilde. Het laatste wat ik hoorde was
mijn eigen schreeuw die over de leegte van het wassende
wad galmde.

Toen ik bijkwam lag ik in Leeuwarden in het ziekenhuis.
De pijn dreunde in mijn benen. Mijn galmende schreeuw is

daar en toen op het wad verstomd. Met Arne de hemelse dood ervaren, leven in een andere wereld? Het werd de hel.

Hij is me nooit meer komen opzoeken. Een deel van mijn geluk is toen drooggevallen op het wad. Misschien weet mijn dochter het daar terug te vinden?

SWEET SEVENTEEN AND...

Vijf jaar geleden viel hij me voor het eerst op: de Spaanse boerenzoon. Hij zat met ontbloot bovenlijf op de rug van een witte muilezel, een leuk joch van om en nabij de twaalf jaar. Zijn rug glansde van zweet en zijn werkbroek was smerig van het werk op het land. Een bos kleurige gladiolen bungelde achteloos langs z'n been. Ik stelde me voor hoe hij die voor zijn moeder had geplukt. Wat aardig van hem, dacht ik nog. Vanaf toen begon ik hem bewust in de gaten houden.

Hij werd een middelbare scholier en groeide zichtbare centimeters. Hij merkte hoe ik hem meer dan gewoon aankeek in het voorbijgaan en ik voelde hoe hij mij soms begluurde. Hij was niet meer dan een puber en werd de aanvoerder van het kluitje opgeschoten knullen dat de straten van ons dorp onveilig maakte. Chico's die samen hun eerste joint rookten, 'Killroy Paco was here' op de muren kladden en de willekeurige passant achter hun hand uitlachten. Ook ik voelde me aangesproken, de spannende *guiri**. Toch bleef ik Paco groeten. Hij groette terug als hij alleen was, of als ik niet te ontwijken viel.

Ik was een wulpse tiener, zo'n meidje dat het hart van menig man woest liet kloppen. Tenminste, dat dacht ik toen.

Hoe keek ik dertig jaar geleden als verlegen meisje naar oudere mannen? Ik vond ze intrigerend, zeker wanneer ze interesse in me toonden, me lieten merken dat ik een appetijtelijk hapje was met mijn perzikhuid en spits ontluikende borstjes. Natuurlijk speelde ik schuchter; ik keek stuurs en wendde mijn hoofd af. Het verlangen naar volwassenheid was in me ontbrand, ik wilde erbij horen, aangeraakt worden, ik wilde de erotiek ontdekken, maar had geen idee hoe dat moest. Menig man liet me met omfloerste blik geloven

"

in de hemel; zijn hand op mijn arm, slowen op de dansvloer
en een kus op het puntje van mijn neus. Ik dacht, dit is het
begin, maar dat was het dan.

'Je bent nog te jong', zeiden ze en begeleidden me met
hun hand laag in mijn rug terug naar mijn moeder.

In de afgelopen vijf jaar is hij een man geworden met volle,
behaarde kuiten, gespierde schouders, stoere bakkebaarden.
Zijn adamsappel is zichtbaar en zijn stem is laag. Hij rookt
achteloos vanuit zijn mondhoek en heeft een hoogmoedige
blik in de ogen. Trots en zelfverzekerd recht hij zijn rug als
hij mij voorbijgaat. Ik probeer zijn blik te vangen, maar zie
in het neerslaan van zijn ogen een gevangenis aan gevoelens. Hij is bang om doorzien te worden. Ik vermoed dat hij
hét nog nooit gedaan heeft.

Over hem fantaserend vraag ik me af, of en hoe hij over
mij denkt. Per ongeluk ontmoeten we elkaar in de schaduw
bij de rivier onder de tamme kastanje, water stroomt en het
gras is groen. We praten niet, we kijken naar elkaar. Broeierig. De verlegenheid in zijn ogen heeft plaatsgemaakt voor
honger. Ik pak zijn hand en leg die op mijn borst, hij slaat
zijn ogen neer. In het randje schaduw op zijn wang onder
zijn wimpers, zie ik iets zinderen. We kijken met onze handen, overal zijn ze tegelijk. Hij knijpt iets te hard in mijn
slappe borst. Zijn tanden stoten onhandig tegen de mijne, ik
bijt in zijn lip en proef bloed. We spartelen op de grond en
worstelen onze kleren uit. Zijn broek bungelt aan een been,
mijn slip hangt aan mijn enkel.

Hij hapert licht, onzeker over de volgende handeling. Tot
intuïtie het van hem overneemt. Ruw en onhandig stoot hij
naar zijn hoogtepunt. Ik sla mijn ogen op en staar naar de
lucht die blauw spikkelt tussen het blad aan de boom waaronder we liggen. Zijn gewicht drukt zwaar op mijn lichaam,
het eerder aanlokkelijke gras prikt in mijn rug. Ik voel hitte
en ruik zweet. Hij verslapt en rolt naast me weg.

Ik ben zijn eerste, weet ik. En ik weet weer hoe het vroeger was, zo ging het immers meestal: de macht van de snelle bevrediging.

Zijn jongenswang schuurt langs mijn blote schouder, warm en vochtig. Ik aai over zijn stugge haar en druk hem tegen me aan. Hij aait met zijn lippen over de mijne; ik veeg met mijn duim over zijn wang en glimlach. Ik worstel me omhoog en ga bovenop hem zitten. We stoeien en giechelen en vallen weer in elkaars armen. Gelukkig, zo was het ook, herinner ik me.

Ja, ik ben zijn eerste, en hij?

Hij is waarschijnlijk mijn laatste.

guiri = Spaans jargon voor buitenlander

VIJFENTWINTIGSTE VERJAARDAG

De dag dat ik op mijn versleten Palladio's het gehucht Okarito binnenstrompel word ik vijfentwintig. Het is zes januari 1984. Na maanden rondzwerven is eenzaamheid mijn reisgezel geworden en ik weet niet meer wie of wat ik ben. Door geldgebrek gedwongen slaap ik meestal in de natuur, waar regen en zandvlooien mijn vijanden zijn. In mijn Lonely Planet heb ik over Okarito gelezen, een kluitje huisjes op het strand aan de westkust van het Zuidereiland in Nieuw-Zeeland. "Een eldorado voor goudzoekers en aantrekkelijk om de rijke flora en fauna rond de lagune."
Dat zal allemaal wel, er is ook een jeugdherberg, de enige in de wijde omtrek en die moet ik hebben. Ik verlang hevig naar een warme douche en een zacht bed. Door een lange tunnel van boomvarens en lage grillige stammetjes bedekt met grauwe korstmossen sjok ik onder mijn loodzware rugzak richting Okarito.

Er lijkt geen eind aan de weg te komen, maar dan gloort er toch licht in de verte. Zilte zeelucht waait in mijn gezicht, zeevogels krijsen boven mijn hoofd en opeens sta ik oog in oog met 'de ruimte'. Aan mijn voeten ligt een goudgeel strand dat verdwijnt in jadegroen water waarin witte reigers foerageren, daarachter rijzen de besneeuwde toppen van Franz Josef Glacier op uit zee.

Ademloos door dit teveel aan schoonheid sta ik minutenlang gebiologeerd te kijken.

Ik verwachtte geen gouden kranen in een luxe hotel, maar de paar houten barakken stellen mij op zijn zachtst gezegd teleur. Erger nog: de jeugdherberg van Okarito blijkt vol te zijn. Ik mag wel een douche nemen. Buiten. En koud.
In de duistere nacht onder het Zuiderkruis en de Melkweg

beleef ik eenzaam in mijn slaapzak mijn zoveelste nacht op het strand. Op mijn verjaardag nog wel.

Tot even later de gloed van een hoog oplaaiend kampvuur een eindje verderop me als een magneet naar zich toe trekt. Iemand tokkelt op een gitaar en er wordt gezongen. Ik kruip uit mijn slaapzak en besluip het groepje jeugdherberggasten, dat wel een bed heeft weten te bemachtigen maar dat niet gebruikt.

Een meisje met lang haar wijst naar me, kennelijk ziet ze me voor iemand anders aan, als ze roept: 'Hi, are you Keri?'

'Keri?' vraag ik. 'Wie is Keri?'

'Een schrijfster die aan de andere kant van de lagune woont in een zelfgebouwde toren.'

Lijk ik op een zekere Keri? Op hetzelfde moment maakt een stoere vrouw tegenover me zich los uit de duisternis. Achter haar duikt een blond joch van een jaar of tien op, die onmiddellijk begint te boksen met een van de mannen bij het vuur.

De vrouw zakt in kleermakerszit neer en zet een paar flessen wijn om zich heen. Zij is duidelijk een stamgast op dit strand.

Ik ga naast haar zitten en bestudeer haar gefascineerd. Ze is blootsvoets, draagt een vale spijkerbroek en een smetteloze witzijden blouse. Om haar nek hangt een snoer met gekleurde stenen en aan al haar vingers heeft ze ringen met jade, lapis lazuli, opaal, topaas... Een bos donker haar omkranst haar, door acne aangetaste, gelaat dat warm oplicht in de gloed van het vuur.

Terwijl iedereen danst en zingt, kijken Keri en ik toe. We glimlachen naar elkaar en heffen ons glas. Ze zegt iets tegen me, wat ik niet versta. Tactvol schuift ze me in de kring en niet veel later praat en lach ik net zo vrolijk als de anderen.

Eenzaamheid heeft me verlaten, zoals de zee het strand bij eb verlaat.

We zingen.

De sterren verplaatsen zich boven ons hoofd.

We drinken.

De vloedlijn komt dichterbij.

We dansen. Het vuur dooft en we staren in de gloed.

De ochtend gloort en jaagt de nacht terug in zijn schaduw. Ik kruip in mijn slaapzak en slaap tot de zon te heet wordt.

De rest van de dag dwaal ik langs de met driftwood bezaaide vloedlijn op zoek naar Keri's toren. Volledig aan het oog onttrokken vind ik een zonderling gebouw in een tuin vol kruiden, ik zie een veld met gele paardenbloemen en tal van bijzondere struiken. Maar Keri is nergens, al meen ik het zonderlinge kind voorbij te zien sluipen.

Maanden later, ik ben allang weer thuis, stuurt een vriendin me het boek The bone people van Keri Hulme. Haar eerste en enige roman, die door de een na de andere uitgeverij werd afgewezen tot een kleine uitgeverij zich erover ontfermde en het boek prompt de belangrijke literaire Booker Prize won.

Ademloos lees ik het verhaal en leef mee op de door Keri in haar boek beschreven plekken. Ongemerkt ben ik een nacht een figurant in het leven van deze schrijfster geweest. En na lezing van het boek denk ik: ik wil de hele wereld overreizen.

Zulke ervaringen maken een rijker mens van je. Voor deze ervaringen leef je.

DE BRIEVEN

In een boekhandel valt mijn oog op het boekje De brieven met als ondertitel, compilatie van een liefde. Ik neem het ter hand en lees een prachtige uitwisseling van zielenroerselen tussen twee geliefden; poëtisch, literair, en erotisch.
In een opwelling koop ik het boekje en lees het thuis in een ruk uit, met een samengeknepen hart. Dit gaat over vriendschap en liefde, zo mooi en zo rijk, zonder enige verwijzing naar vulgaire perversiteit, dat ik onmogelijk jaloers kan zijn. Alleen maar trots, omdat misschien, dankzij mijn aanwezigheid deze liefde heeft kunnen bestaan.

Een jaar geleden zocht ik Riek in de Vaartstraat op.

De plastic Albert Heijn-tas snijdt in mijn hand, Riek woont hier al zolang ik me kan heugen, samen met haar twee chihuahua's in een donker benedenhuis met een piepklein plaatsje. Vroeger was zij onze hulp. We zijn ongeveer even oud, ik geloof zelfs dat zij wat ouder is, en we raakten bevriend. Hoewel ze uit een eenvoudig milieu komt, is ze intellectueel en spiritueel ontwikkeld, veel meer dan ik. Ik was de doktersvrouw, zij hielp in de huishouding en in de praktijk. Ik zei Riek tegen haar, zij noemde mij mevrouw. We waren gelijkwaardig, maar toch ook niet. Pas toen ze bij ons wegging, tien jaar geleden, zei ik tegen haar: 'Noem me toch Margritte, Riek.'
De enkele keren dat we elkaar daarna nog ontmoetten deed ze dat, van harte ging het nooit.
Het belletje in het kozijn naast de deur gaat rasperig over als ik erop druk. Binnen beginnen de hondjes enthousiast te keffen. Hoe vaak heeft Joost zo gestaan voor haar deur? Of had hij haar sleutel? Die gedachte schiet door mijn hoofd.
Binnen piept de kamerdeur, voetstappen klinken op hout.

Langzaam opent de voordeur op een kier. Riek gluurt naar buiten, en de deur gaat wijder open.

'Nee maar, da's lang geleden.'

'Dag Riek, ik was in de Kanaalstraat en dacht, kom, laat ik eens bij onze Riek langs gaan.' Dat is gelogen. Ik wilde haar bezoeken en kon dan meteen bij haar in de buurt een boodschap doen.

'Kom binnen.'

Langs haar heen schuifel ik het muffe gangetje in. Riek sluit de voordeur. Ik houd mijn jas aan, de tas zet ik onder de kapstok. Voor haar uit ga ik de kamer binnen. De hondjes springen keffend van de bank en haken hun nageltjes in mijn kousen.

'Sinds de begrafenis van Joost heb ik niets meer van je gehoord?' begin ik. We staan tegenover elkaar en kijken heel even in elkaars ogen.

Zij slaat de hare als eerste neer.

'Je haar zit leuk,' zeg ik. Dertig jaar geleden was ze al grijs geweest, maar ze had het altijd pikzwart geverfd. Het was nog steeds zwart, alleen nu kortgeknipt in een page-kopje waarvan de pony in een punt op haar voorhoofd valt. Haar lippen moet ze uren geleden rood gestift hebben en ze draagt een zwarte coltrui die vol hondenharen zit. Ze is oud geworden.

'Dank je, jij ziet er ook goed uit,' zegt ze. Haar hoofd schudt onafgebroken heel licht heen en weer, zoals bij die bruine namaakhondje op de hoedenplank van een auto.

'Hoe gaat het met je Parkinson?'

'Langzaam achteruit. Ik heb sinds een paar weken een in-validenautootje. Helemaal betaald door de verzekering. Heb je het niet zien staan?'

Ik herinner me inderdaad een rood koekblikje, dat zo ge-parkeerd stond dat ik het trottoir moest verlaten en bijna door een passerende fietser geschept werd.

'Ik wacht nog op een parkeerplaats.'

Ik kijk haar kamer rond. Boven de piano hangt een poster van Boeddha, zittend onder zijn heilige boom, Indiase kussens liggen her en der op de bank. Tegenover een grote televisie staat de enige gemakkelijke stoel, op het tafeltje ernaast een asbak vol peuken. Ze rookt dus nog steeds. Daar heeft Joost haar nooit vanaf gekregen.

'Koffie?' vraagt Riek, als ik niks zeg.

'Graag, Riek.'

'Ik heb alleen Nescafé.'

'Prima.' Vanuit de kamer volg ik haar handelingen in het minuscule keukentje, ze houdt een gebutste fluitketel onder de kraan.

'Speel je nog?' roep ik.

'Nee, de piano is al jaren niet meer gestemd.'

Joost stemt hem niet meer. Mijn man was arts, maar zijn hobby was piano's stemmen.

'Hoe gaat het met de kinderen?' vraagt ze als ze uit de keuken komt. Van de tafel pakt ze een blauw pakje shag.

'Goed. Janine is in verwachting van de derde en Mark heeft een nieuwe baan in het van Leeuwenhoek.'

'Als oncoloog toch?'

'Ja, en beiden zijn zo muzikaal, dat hebben ze van Joost, hè.' Ik moet het gesprek op Joost zien te houden. Ik moet het uit haar eigen mond horen. Stijfjes ga ik zitten naast de hondjes op de bank, als ik er eentje wat opzij schuif, gromt het geniepig.

'Onze piano is ook nooit meer gestemd sinds Joost dood is. Mij maakt het niet uit, ik speel toch niet,' zeg ik.

In het keukentje begint de waterketel ouderwets te fluiten. Riek loopt erheen en komt terug met een mok dampende Nescafé.

'Zwart toch?'

'Dank je. Jij niet?'

'Ik drink geen koffie meer.'

'Ik ga kleiner wonen,' zeg ik. 'Janine krijgt de piano voor haar kinderen.' Als ze niet antwoordt, maar haar juist gedraaide sigaret opsteekt, zeg ik: 'Ik ben aan het opruimen geslagen en begonnen in de werkkamer van Joost.'

Ze vertrekt geen spier. Met de sigaret tussen haar lippen pakt ze het valse hondje naast me van de bank en gaat weer in haar stoel zitten. Ze inhaleert diep en blaast peinzend de rook de kamer in.

'Zijn ze niet schattig?' vraagt ze.

'Ja, schattig.'

'Ze zijn mijn enige vrienden.'

'Ben je eenzaam?'

'Nee, nee, ik zoek de mensen niet meer op. Ik lees en kijk televisie.'

'Waarom speel je niet meer, Riek?'

Ze blijft zwijgen.

'Weet je nog hoe je samen met Joost quatre mains speelde? Hij genoot van je spel. "Ze is goed," zei hij altijd, "Riek had concertpianiste kunnen worden."'

Riek kroelt het hondje achter zijn oor, en staart naar een vlek op het Perzisch tapijtje voor haar op de grond.

'Riek.'

Haar hoofd schommelt nauwelijks zichtbaar, ze lijkt diep verzonken in het verleden. Denkt ze nu aan Joost? Mijn Joost, die zij misschien wel beter kende dan ik? Twintig jaar heeft ze bij ons gediend. Vlak na Marks geboorte was ze bij ons gekomen. Janine was net vijf geweest, die wordt volgende maand achtendertig.

'Drieëndertig jaar kennen we elkaar al,' zeg ik.

'Ja, volgende week,' zegt ze.

'Je wilt er niet over praten, hè?'

'Wat valt er te zeggen?'

'Riek, ik heb jouw brieven gevonden.'

Met een ruk kijkt ze op. 'Had hij ze bewaard?'

'Ja, en op datum gebundeld, negenentwintig jaar lang.'

Hier en daar las ik enkele zinnen. Dagenlang ben ik van slag geweest, geschokt en woedend over deze ontdekking. Gelukkig wist ik het na een paar dagen te relativeren en besloot ik dat Riek de brieven maar terug moest hebben.

'Margritte, alsjeblieft.'

'Ik heb het altijd geweten.'

'Margritte...'

'Maar nooit dat jij het was.'

'Toe, Margritte, laat het me uitleggen.'

'Ik was zijn vrouw, maar jij, Riek, jij was zijn passie, zijn muze.'

'Ik heb hem gesmeekt ze te verbranden. Ik wilde niet dat jij het ooit zou weten, dat hij je zou verlaten omwille van mij.'

'Had ik geweten dat jij het was die in mijn huwelijk stookte, dat jij het was die mijn man belette van mij te houden, dat jij hem meer gaf dan ik... Als ik dat had geweten...'

'Wat dan?'

'Dan was ik weggegaan met de kinderen, dan had jij hem mogen hebben.' Ik sta op. Laat de Nescafé onaangeroerd en loop naar de deur.

'Alsjeblieft, Margritte. Ik heb hem niet van je afgenomen.'

'Nooit is hij helemaal van mij geweest, niet zoals hij van jou was.'

'Hij hield van ons allebei.'

'Negenentwintig jaar, Riek. Hoe kon je.'

'Het is niet zoals jij denkt.'

'Laat me niet lachen. Je hebt me gekwetst, misleid en bedrogen.' In een laatste blik zie ik dat haar ogen vochtig zijn. Ik loop de gang in en verdwijn door de voordeur, terug naar de Kanaalstraat waar mijn auto staat.

De Albert Heijn-tas liet ik onder de kapstok achter.

LEEG HUIS

'Ik loop nog een keer door het huis om afscheid te nemen,' zeg ik tegen mijn broer.

Vandaag hebben we, na een jaar lang kamer voor kamer van ons ouderlijk huis op te ruimen, tenslotte de kelder leeggeruimd. Op straat staand staar ik naar de zwarte gaten in de gevel. De gordijnen die mijn moeder er ruim zestig jaar geleden achter hing, dun en verkleurd liggen nu in een vuilniszak bij het afvalstation. Evenals talloze dozen met troep, lege jampotten, beschimmelde boeken, onze schaatsen, een kapotte stofzuiger en nog meer vergane glorie uit onze jeugd.

'Goed, dan rijden we daarna langs de makelaar, geven de sleutels af en gaan lekker lunchen om te vieren dat het voorbij is,' antwoordt mijn broer.

Monter beklimmen we voor de allerlaatste keer de zes hardstenen treden. Mijn broer gooit zijn volle gewicht tegen de voordeur. Wegens de ernstige verzakking van het huis klemt die zodanig dat onze vader, over de negentig, herhaaldelijk opgesloten zat en zijn huis niet meer zonder hulp in of uit kon.

Wij zijn geboren in dit huis. Onze eerste voetstapjes liggen hier onder de talloze voetstappen die we er later overheen zetten. Melancholiek volg ik mijn broer naar binnen. In dit huis hebben we het afgelopen jaar de herinneringen van de muren gekrabd. Het leven van onze ouders. De oorlogsjaren, tevens hun eerste huwelijksjaren; de blije kinderjaren, onze jeugd. Verdriet en vreugde. Zoveel verhalen van zoveel mensen.

Ik heb de fotoboeken mee naar huis genomen. Mijn broer de Super 8 filmpjes die onze vader maakte, hij zal ze op DVD zetten. De schilderijen zullen worden geveild en de meeste meubels zijn verdeeld over de studentenkamers van onze kinderen. Wat niemand wilde hebben was voor het grootvuil of werd door de kringloopwinkel opgehaald. Het leven van onze ouders zal sneller vervagen dan we willen.

Net als dat met onze levens zal vergaan.

In de zitkamer gapen de vergeelde rechthoeken op de muur me aan, de spijker in het midden. Wezenloos kijk ik terug.

De voetstappen van mijn broer klinken hol op het gesleten parket zonder pers. Op het aanrecht in de keuken strijk ik met mijn duim over de kringen die de vette pannen daar jaar na jaar hebben achtergelaten. De ooit door mijn moeder vrolijk blauw geschilderde keukenkastjes zullen de nieuwe bewoners wel in een container smijten.

De trap kraakt anders zonder loper en bij de vijfde tree hoeven we niet meer op de roede te letten die los lag.

In mijn oude tienerkamer dwaalt mijn blik naar de spreuk die ik veertig jaar geleden met een mes in de houten lambrisering gutste: 'Verdriet is ook leven net als vreugde.'

Nadat mijn vader ruim een jaar geleden overleed, spraken mijn broer en ik twee maal in de maand af in ons ouderlijk huis. We haalden herinneringen op. 'Weet je nog toen...?

Hoe zat dat ook alweer met die en die? Zus en zo...'

Mijn broer heeft andere herinneringen bij dezelfde beelden en voorwerpen die door onze handen gaan. Een herinnering is persoonlijk, niemand heeft precies dezelfde, zeg ik tegen hem. Hij vindt mij sentimenteel. Hij is vooral blij dat er een einde aan het opruimen is gekomen.

Natuurlijk, ik ook, maar toch. De dierbaarste herinneringen heb ik de afgelopen maanden in dozen gestopt, die ik in de kofferbak van mijn auto zette en thuis in een hoek in de garage heb geschoven om ze daar voorlopig te laten staan.

Misschien wel voor altijd.

Samen dwalen we door het huis. In moeders naaikamertje opent hij de muurkast en trekt aan een plank die scheef hangt.

De plank schiet los en valt kletterend op de plank eronder.

Ik kijk nog eens goed, in de achtermuur zit een luikje. Mijn broer trekt het open, steekt zijn hand erin en haalt drie dunne, in leer gebonden, boekjes tevoorschijn.

Sprakeloos kijken we elkaar aan. Ik neem de boekjes uit zijn hand en draai ze om. In het nog jonge handschrift van mijn moeder lees ik: 1935-1940. Op het tweede boekje staat alleen maar '40-'45 en op het derde: 1945-1960. Door het dunne papier bladerend lees ik vluchtig enkele zinnen van een minutieus verslag van een gezin in die jaren. Ons gezin.

Ik pak de boekjes in een krant die nog op de bodem van de kast ligt en doe ze in mijn tas. Tijdens de lunch in de bruine kroeg om de hoek sla ik er één open en lees enkele passages hardop voor. De herinneringen worden ineens weer tastbaar. Nadrukkelijk. We kijken terug op ons leven gezien door de ogen van onze moeder. Een rijk bezit.

Als ik later die middag naar huis rijd, realiseer ik me dat we deze dag geen punt achter ons verleden hebben gezet. Integendeel, de komende tijd zal ik volop bezig zijn met mijn ouders en de erfenis die mijn moeder onbedoeld voor ons achterliet.

DE BOSHEKS EN DE TIJDGEEST

"Kijk eens wat vaker in de spiegel van de kapper" hoeft tegen mij niet gezegd te worden. Na een paar weken is er geen kam meer door mijn haar te halen, dan moet er wel een schaar in.

Vandaag zit er een jongen naast me die zijn schedel met een tondeuse laat gladscheren. Via de spiegel, met die dwingende boodschap, zeg ik niet zonder spot tegen hem:

'Heb je mooi haar, scheer je het af.'

'Het is mode.' De jongen haalt zijn schouders op. 'Mijn vriendin vindt het frisser staan.'

Mijn leven wordt niet gehinderd door mode, noch door een vriendin.

'U hebt erg mooi haar, meneer,' zegt de kapper die mijn krullen als houtschillen in een schrijnwerkerij op de grond laat vallen.

'Heb ik van mijn vader geërfd. Hoewel hij rond zijn dertigste geheel en al kaal was. Geen wenkbrauwen, geen wimpers helemaal niets, niet eens een krul op zijn hoofd.'

In de spiegel zie ik mijn gezicht veranderen bij de gedachte aan mijn vader. Ik ben nu net zo oud als hij toen hij stierf.

'Had hij alopecia?' vraagt de kapper.

'Alopecia?' Dat woord heb ik nog nooit gehoord.

'Het is een auto-immuunziekte.' Met de schaar in de lucht kijkt de kapper me via de spiegel aan. 'Een constante ontsteking van de haarzakjes.'

'O,' zeg ik. Waarom weet ik dat helemaal niet? Is mijn moeder hiervan op de hoogte? Vader heeft tweeëndertig jaar geleden na een kort ziekbed deze wereld verlaten, maar mijn moeder leeft nog, oud en krakkemikkig, maar geeste-

lijk nog bij de tijd. Ze zit haar dagen uit in een verzorgingstehuis.

'Mannen met zo'n haarkrans op het achterhoofd hebben
ook alopecia,' vervolgt de kapper, met een plantenspuit be-
vochtigt hij mijn haar. 'Maar dat is een andere variant.'

'O.' Ik besluit straks thuis het verschijnsel op internet op
te zoeken.

Met gekortwiekte haren fiets ik even later bij mijn moeder
langs. Ze zit bij het raam te borduren met haar van artritis
gekromde vingers en is blij om me te zien, zoals altijd.

Tussen de rollator en het bed schuif ik naar de kitchenette
om koffie te zetten. Zolang ik me kan herinneren, ligt op
haar bed de zijden sprei in de tinten ijsblauw en sneeuwwit,
de heldere lucht boven het bevroren kanaal waarop we 's
winters schaatsten.

'Ben je naar de kapper geweest?' Met haar haviksogen
slaat moeder me vanuit haar stoel gade. 'Je gaat steeds meer
op je vader lijken.'

'O ja? Maar ik ben niet kaal. Zeg mam,' begin ik. 'Heb jij
pa eigenlijk ook met haren gekend?'

'Jazeker.' Moeizaam bukkend naar opzij grijpt ze het bo-
venste fotoalbum van een hele stapel albums naast haar op
de grond. Ze legt het op haar knieën, slaat het open en begint te bladeren. Zolang de koffie doorloopt sta ik naast
haar en kijk mee terug in de tijd ver voor mijn geboorte,
zelfs voor mijn moeders aanwezigheid in mijn vaders leven.

'Dat is hem.' Ze plant haar vinger op de foto van een
knulletje in korte broek, kniekousen, een wisselgebit en
glad gekamde haren. 'In die oude albums leven mijn herinneringen.' Moeder kijkt met een verlegen lachje naar me
op.

'Daar hoef je je toch niet voor te schamen, mam?'

Natuurlijk leeft een mens op haar leeftijd in het verleden.
Immers, de toekomst is een gapende diepte en het heden

een muf verwarmde kamer in een huis voor oude mensen, die alleen hun leeftijd gemeen hebben. Vroeger was je jong en verliefd, je kreeg kinderen, je had een toekomst voor je. Kortom, je leefde.

Ik leef alleen. Op mijn zolderkamer maak ik marionetten van papier-maché en lapjes stof. Ik leef de levens van zelf gefabriceerde personages. Mijn realiteit is de wereld van mijn fantasie.

Een voor een slaat mijn moeder de zwarte kartonnen bladen om, terwijl het transparante vloeipapier tussen haar vingers knispert. Ze wijst op de foto's van hun verloving. Zij in een zomerjurk met bloemmotief, lachend op de grond tijdens een picknick, pa met dezelfde weerbarstige donkerblonde krullen als zijn zoon.

Volgende bladzijde: hun huwelijk. Mijn vader draagt een rokkostuum en een hoge hoed, zijn haar is niet te zien. Later droeg hij altijd een hoed of een pet op zijn kale kop.

Ik haal twee kopjes koffie en ga in de stoel tegenover moeder zitten, zwijgend roer ik de suiker rond.

Zij schraapt haar keel, haar blik rust op het fotoalbum in haar schoot. 'Het was vreselijk,' begint ze. 'We waren net getrouwd en op een ochtend lagen er plukken haar op zijn hoofdkussen. Geschrokken keken we ernaar. Ik streek met mijn vingers door zijn haren en hield hele bossen in mijn hand. Je vader zei dapper: "Het groeit wel weer aan." In zijn jongetjestijd had hij ook kale plekken gehad. Het groeide altijd weer aan. De vrouw van de visboer had raad geweten, vers zeewater zou helpen. Iedere week kwam ze met een emmertje zeewater uit Katwijk langs. In de keuken ging ze op een krukje zitten en trok je vaders hoofd tussen haar knieën. Minutenlang masseerde ze zijn huid met het zoute water, totdat zijn hoofd droop en prikte. De lucht die tussen haar dijen vandaan kwam, had hij zijn hele leven niet vergeten.' Glimlachend voegt ze er aan toe: 'Je vader had een plastisch gevoel voor humor.'

Ik glimlach mee, pa had altijd graag en hartelijk om zijn eigen grapjes gelachen. 'En? Hielp het?'

'Natuurlijk niet, niet echt.' Haar duim wrijft onafgebroken langs het glanzende oppervlak van een foto. 'Na ons huwelijk was hij binnen een jaar kaal. Hij wilde scheiden, omdat ik geen echte man getrouwd had. Onzin natuurlijk. Ik had hem niet om zijn haren gekozen. De huisarts zei dat het een auto-immuunziekte was.'

'Alopecia?'

'Ja, alopecia areata universalis. Een erfelijk overdraagbare ziekte, meestal via de vrouwelijke lijn. Er was niks aan te doen, je vader moest ermee leven. In een pruikenzaak liet hij zich een duur haarstuk aanmeten. Ik herinner me niet dat hij dat ooit gedragen heeft.'

'Nee, een pruik zou ik ook nooit willen dragen. Moedig van hem om kaal te gaan. En dat in die tijd. Tegenwoordig zijn glanzende schedels in de mode.'

Moeder knikt. 'Zodra hij zichzelf had geaccepteerd, was het geen probleem meer.' Ze pakt het volgende album en wijst op de eerste bladzijde met een liefdevolle blik in de ogen naar een blakende baby. Een tandeloos lachend mondje en een klassieke krul op zijn hoofd. 'Dat ben jij.'

Op de volgende bladzijde zet ik mijn eerste stapjes tussen mijn ouders in. Op twee andere kiekjes voetbal ik met mijn pa en leert hij me fietsen. Ik weet nog dat moeder die foto's nam. Een paar bladzijden verder hang ik onderuitgezakt op de bank, een pukkelige tiener met lange haren. Wat was ik trots op mijn eerste spijkerjack en het uit het borstzakje puilende pakje Drum.

Jaarlijks maakten we lange bergwandelingen in de Alpen.

Op de volgende foto staan we samen op de top van de Mont Blanc. Dat was niet eens zo lang voor zijn dood, realiseer ik me. Ja, we lijken sprekend op elkaar.

Moeder pakt haar kopje van het tafeltje naast haar en slurpt een paar slokjes van de lauwe koffie.

'Mam, zullen we volgende week, als het goed weer is, naar het bos gaan waar je vaders as hebt uitgestrooid?' Ik buk en leg het album terug op de stapel.

'Graag.' Haar ogen lichten op. 'Het is bijna Kerstmis.'

We genieten van de tocht naar onze vroegere woonplaats, de lucht is strakblauw en het heeft licht gevroren. Destijds woonden we in een vrijstaand huis naast een beukenbos met een paar esdoorns, eiken en hemlockdennen in de rand. Ik volg de bordjes naar het trimbos, parkeer op een onbezette parkeerplaats naast mijn geboortehuis en haal de rollator uit de achterbak. We verbazen ons over de talrijke hondentoiletten en het trimparcours met gymnastiektoestellen van dennenstammetjes voor fanatieke joggers.

Bladeren met rijpranden knisperen onder onze schoenen.

In gedachten banjer ik door het bos van mijn jeugd en laat op rubberlaarzen de hond weer uit. Iedere boom met zijn knobbels en kromme takken vertelt mijn verhaal. De bemoste stammen en de kruidige geur van vergankelijkheid: vochtige aarde en paddenstoelen. Moeder wijst me op het glanzende licht dat schuin tussen de stammen valt. We lopen langs mijn favoriete klimboom. De resten van de boomhut zijn weg, maar hier en daar zit nog een spijkergat.

Het hartje met mijn naam en de naam van mijn eerste kalverliefde is in de bast mee gegroeid.

Momenteel werk ik aan een serie nieuwe poppen: de bosheks en de tijdgeest hangen al klaar aan hun houtjes en touwtjes, maar ik heb nog geen goed verhaal voor ze verzonnen. Hier, denkend aan mijn poppen, begint de inspiratie te stromen. Langzaam wandel ik naast mijn moeder en opper: 'Het zou een kerstverhaal kunnen worden: een vader, een moeder en hun zoon.'

'Zo oud als de wereld.' Haar rug rechtend blijft ze staan en reguleert haar adem. Gedecideerd wijst ze naar rechts:

'Hier moeten we het pad af. Daar is de open plek.' Vastberaden stuurt ze de rollator tussen de bomen en stapt door het dikke pakket van blad.

'Was het hier?' weifelend help ik haar de rollator te duwen.

'Wat denk je, dat ik niet weet waar ik een stuk van mijn leven achterliet?'

De rollator stagneert tegen een tak. We laten hem staan en Ik geef haar een arm. Ze heeft gelijk, twintig meter verder wenkt ons de open plek. Behalve verdorde stengels en loof van afgestorven vingerhoedskruid, salomonszegel en lelietjes van dalen, door mijn moeder hier indertijd verspreid, herken ik niets.

'Ze groeien op je vaders ziel, jongen,' zegt ze.

Stil staan we naast elkaar, verzonken in onze eigen gedachten en herinneringen. Dit zou wel eens de laatste keer kunnen zijn dat we hier samen zijn. Zou ze haar as hier ook uitgestrooid willen hebben?

Een blad dwarrelt naar beneden, raakt haar schouder en valt voor haar voeten neer. We kijken elkaar aan. Bruusk draait ze zich om en mompelt: 'Kom, we gaan.' De weg terug hobbelt ze zwijgend achter de rollator naar de auto. Ik denk aan mijn verhaal: de tijdgeest en de bosheks worden één op deze beladen plek. Maar wat ging eraan vooraf? En wat is de rol van de zoon? Misschien moet hij de protagonist worden.

We lunchen in een uitspanning langs de snelweg en raken weer in gesprek. Moeder vertelt over de verzorging in het huis, het vele wachten, het matige eten en de klagende bejaarden om haar heen. Niets nieuws onder zon, altijd hetzelfde liedje, zucht ik. Kunnen we het niet over iets hebben dat er ook voor mij toe doet? Maar dit is haar kleine wereld en dus die van mij. Ze verslikt zich in het toetje en de hele weg terug naar huis houdt ze een kikker in haar keel.

De volgende dag bel ik haar en vraag hoe het gaat. Ze heeft nog steeds last van haar keel, ze zal de dokter laten komen, maar verder is het niks. 'Maak je geen zorgen, zoon.'

Met andere woorden: bemoei je je er niet mee!

Dus bel ik niet, ik ben ook te vervuld van mijn nieuwe poppen en hun verhaal dat zich steeds helderder aan me openbaart. De performance is al door een paar kleine theaters geboekt en de afronding neemt me volledig in beslag.

Eén ding echter is nog een probleem. Ik kan maar niet bedenken hoe het verhaal zal aflopen. De voorstelling wordt een afrekening met mijn jeugd, de ingrijpende invloed van ouders op een enig kind. Hoe hun wereld en mijn wereld vervlochten zijn. De titel weet ik ook al: Mijn vaders kaalheid.

Moeder zal versteld staan als ze de voorstelling straks ziet.

Er komt een telefoontje van het verzorgingstehuis. Ze ligt met een longontsteking op intensive care. Binnen het uur zit ik naast haar bed en de volgende dagen wijk ik niet van haar zijde. Soms opent ze haar ogen. Samen kijken we naar de natte sneeuw die door de grauwe lucht dwarrelt.

Op kerstavond is ze dood.

De rest van mijn leven zal ik wees zijn, een gevoel dat ik niet ken. Ik wikkel moeder in de ijsblauwe sprei van haar bed en leg haar in de ruwhouten kist. Haar rimpelloze gezicht met de perkamenten huid lijkt sprekend op de moeder in mijn kerstspel.

De afscheidsrede houd ik kort. Even heb ik overwogen om de première van mijn marionettenvoorstelling tijdens haar uitvaart op te voeren. Ik zag er vanaf. De oude mensen, moeders buren, haar verzorgers zouden het niet begrijpen. Dus spreek ik over een plek in het bos. De cyclus van de tijd: het gevallen blad na een zwoele zomer, de inkeer van de winter en de hoop van uitbottend lover in een nieuw voorjaar.

Clichés, besef ik als mijn woorden in de stilte tussen de aanwezigen vallen. Met een woest gebaar van onvermogen en wanhoop strijk ik door mijn haar. Zwijgend kijk ik in mijn hand. Een ongewone hoeveelheid haar kleeft aan mijn vingers. Geschrokken verlaat ik haastig het podium. Zonder een knikje of ook maar iemand te bedanken ga ik weer op de voorste rij zitten en luister naar de aanzwellende muziek.

Ik bevind me tussen twee tijden. Ik ben net zo oud als mijn vader was toen hij stierf. Als jochie wilde ik worden zoals hij. Die bewondering voor mijn vader heeft wellicht iets van mijn eigenheid geëlimineerd. Mijn vader heeft zijn leven niet uitgeleefd. Ik leef het mijne niet voluit en nu, met mijn moeders dood, voel ik me nog kaler.

Voortaan zal ik het zelf moeten doen, alleen met mijn poppen. Opnieuw glijden mijn handen door mijn haar. Die plukjes tussen mijn vingers voelen verrassend vertrouwd.

Eigenlijk ben ik nauwelijks verbaasd, eerder verheugd.
Ik kan opnieuw beginnen. Met mijn vaders kaalheid kan ik zijn leven voortzetten.

BEGRAVEN IN DE WOESTIJN

Zaterdagmorgen, we worden wakker in de buik van de boot.

Door het ronde raampje boven de waterspiegel tuur ik naar de regen die putten slaat in het gore water van de gracht. Even dansen de luchtbellen als parapluutjes van glas, waarna ze knappen en als grauw schuim naar de overkant drijven waar ze tegen de aangemeerde woonboten opvlokken.

Er staat niets op het programma en loom vrijen we nog een keer. Zo lang woon ik nog niet bij Achmed en de reis over elkaars lichaam is één grote ontdekking. Met mijn wijsvinger strijk ik over zijn zware wenkbrauwen, langs zijn neus, over zijn lippen. Hij bijt zachtjes in mijn vinger.

Op zijn wangen en kin breken ochtendstoppels door. Van zijn ogen, die de kleur van sterke thee hebben, kan ik geen genoeg krijgen. Ik woel door zijn lange haar en kus een van zijn parelmoeren oorschelpen, opvallend klein en babyzacht, terwijl zijn gezicht verder zo masculien is.

Tijdens ons uitgebreide ontbijt aan het begin van de middag vertel ik over een zeilvakantie, lang geleden. 'Mijn ouders zaten in de kuip van onze zeilboot te lezen. Mijn broertje speelde op het achterdek met zijn dinky toys; je kent dat wel, zo'n jochie van zes dat volledig opgaat in zijn spel en de motoren na bromt. Totdat zijn lievelingsambulance het water in reed.' Met een neutraal gebaar smeer ik pindakaas op mijn boterham. Zonder naar Achmed te kijken vervolg ik: 'De plons was net een dikke kikker. De tweede plons klonk veel luider. Dat was mijn broertje. Hij ging meteen kopje onder.' Mijn boterham snijd ik in dobbelsteentjes. 'Ik was twaalf en lag op het voordek te zonnen. Omdat mijn ouders niet reageerden, dook ik achter hem aan.' Ik stapel de broodblokjes met pindakaas op elkaar. 'Achteraf is het ongelooflijk dat het kereltje geen zwemvest droeg. Toen ik met een druipend jochie boven water kwam, reageerden mijn ouders pas. Mijn vader legde hem op het achterdek en begon met reanimatie. Mijn moeders kille blik vergeet ik nooit. Die beschuldiging, alsof ik niet goed op hem had gelet. En dat beeld van mijn broertje, zo bleek...'

Achmed springt op en roept: 'Dat was het, nu herinner ik me het weer.'

'Wat?' Ik knipper, een broodtorentje valt om, het beeld van mijn broertje in zijn kist met de ambulance in zijn knuistjes vervaagt.

'Mijn droom. Vannacht had ik hem weer. Al heel lang droom ik ongeveer hetzelfde, wekelijks en soms iedere nacht, maar de laatste weken was hij weg. Eigenlijk sinds jij bij mij slaapt.' Opgewonden begint Achmed zijn droom te reconstrueren.

Een voor een eet ik mijn pindakaastorentjes op, zonder hem aan te kijken.

'De hemel hangt altijd laag en de horizon gaat schuil onder een waas van zilver licht. Verder is er overal goudgeel zand met hier en daar volgestoven prikkelstruikjes. Daar begint het meestal mee.'

'Een duinlandschap?' Met mijn pink vis ik een klodder pindakaas achter mijn kies vandaan.

'Woestijn. Vannacht keek ik in een zwarte krater in het zand. Een graf, want er stond een doodskist in met een opengeslagen deksel. Vanonder een zwart satijnen laken kruipt een jochie tevoorschijn met een lijkwit gezicht.'

Achmed kijkt me veelbetekenend aan. 'In de verte komt door het gouden zand een groepje zwarte figuren aanschrijden. Bedoeïenen, die zich rond het graf verzamelen. Ik voel hun harige mantels tegen mijn gezicht. Een van hen herken ik als mijn vader, met zijn flitsende ogen die fel glanzen tussen de kieren van de zwarte stof die zijn gezicht bedekt.'

Ik schenk onze koffiemokken opnieuw vol. Het beeld van mijn dode broertje vermengt zich met de beelden van het kind dat Achmed aan me beschrijft.

'Opeens sta ik aan de hand van een vrouw in een gebloemde zomerjurk. We staren naar het lijkbleke jongetje dat omhoog probeert te klauteren. Hij zit op zijn knieën en slaat zijn handjes over de rand van de kist. In mijn ooghoek beweegt een voet en het deksel slaat dicht. Ik begin te schreeuwen en toen werd ik wakker,' Achmed neemt slurpend een slok koffie.

Ik sta op. De afwas van gisteravond staat nog op het aanrecht. Ik vul het teiltje en spuit rijkelijk afwasmiddel in het water. Buiten vaart in de druipende regen een rondvaartboot voorbij, de golfslag klotst tegen de woonboot die zacht meedeint.

Achmed gaat verder: 'Het dichtklappende deksel en die schreeuw door de woestijn hoor ik steeds in mijn hoofd galmen.'

'Ik heb je niet horen schreeuwen, maar je kreunde wel onrustig,' zeg ik.

'Die schreeuw klonk in mijn droom, ja. Of ik dat was, of het kind? Geen idee. Maar ik sliep weer in en droomde verder. Ik ben ouder en een van de bedoeïenen, de man met mijn vaders ogen, reikt me een dik boek aan. Ik sla het open en zie tussen de Arabische tekens de gebloemde westerse vrouw een kind van zijn bed lichten. Ze neemt het aan de hand mee, samen lossen ze op in de trillende lucht boven de zandvlakte.'

Zijn stem klinkt gemoffeld en ik draai me om. Het sop druipt van mijn handen op de houten vloer. Hij steunt met zijn ellebogen op tafel, het hoofd in zijn handen, de ogen gesloten.

'Het boek wordt weer doodskist en het naakte jongetje kruipt als een opgejaagde kever tussen de lege plooien van het zwarte satijn. Dat was het laatste beeld.'

'Had jij ook een broertje dat overleed?' vraag ik.

'Niet dat ik weet.' Hij vertrekt zijn mond tot een grijns, maar zijn ogen lachen niet.

'Gek hoor, zo'n droom die steeds terugkeert.' Ik draai me weer naar de afwas. 'Dergelijke ervaringen moeten toch ooit in je onderbewustzijn zijn opgeslagen?'

Zonder te antwoorden staat Achmed op en grijpt de theedoek. Zwijgend ruimen we samen de ontbijtboel op.

Aan Achmed merk ik niet of hij nog met zijn droom bezig is, maar zelf word ik achtervolgd door de beelden van dat kind in die doodskist. Mijn gedachten cirkelen rond die zwarte figuren, de flitsende ogen, de vrouw in de gebloemde jurk, die volgens mij zijn moeder moet zijn, het bleke jongetje in die kist en de lege, schroeiende woestijn. Waar ging het toch over? Droomt Achmed mijn droom? Is het mijn broertje dat hij zag? Maar hoe kon hij dat weten?

'Ik had zeven tantes: allemaal zusters van mijn vader,' beantwoordt hij een van mijn tientallen vragen over zijn jeugd.

'Maar je moeder, waar was je moeder dan?'

Hij haalt zijn schouders op. We zitten samen onderuitgezakt op de bank. Achmed heeft een fles wijn opengemaakt en ik besmeer toastjes met camembert.

'Mijn tante vertelde dat een Nederlandse vrouw op een kameel door Marokko trok en voor mijn vader viel.'

'Waar woonden jullie dan?'

'Pa was kameeldrijver, een bedoeïen. Ik woonde bij mijn tante Aisha in een berberdorp ten zuiden van het Atlasgebergte. Zij voedde me op als haar eigen kind, haar kinderen waren als het ware mijn broertjes en zusjes. Ze is al jaren dood.'

'Dus je weet niets over je moeder?' Ik neem een slok wijn. 'Maar je tantes dan? Die wisten toch wel wat over haar te vertellen?'

'Weinig. Ze ging weg toen ik een paar maanden oud was. Ze trachtte zich aan te passen, wat niet lukte, zei tante Aisha. Zij en haar zusters hebben mijn moeder verstoten.'

'Waarom?'

'Geen idee, te westers zeker? Eigenlijk heeft ze het nog lang uitgehouden, denk ik.' Nonchalant schenkt Achmed onze glazen bij. 'Kom, laten we het over wat anders hebben.'

'Ik snap het niet. Ik kan niet snappen dat een moeder haar kind achterlaat. Waarom nam ze je niet mee?'

'Ze vertrok gewoon. We woonden in een besloten gemeenschap, ik heb haar niet gemist.' Dat klinkt defensief. Heeft hij nooit beseft dat het op zijn minst vreemd is, dat zijn moeder hem in de steek gelaten heeft?

'Mijn tantes wilden me houden? Omdat mijn vader erop stond, vermoed ik,' zegt hij.

'Leeft ze nog? Wil je haar niet zien?' vraag ik.

Hij haalt zijn schouders op. 'Nee. Rond mijn tiende vertrokken pa en ik naar Nederland. Hij vond hier werk en ik ging naar school.' Hij zwijgt en kijkt op de klok. Bedachtzaam gaat hij verder: 'Toen had ik haar kunnen zoeken, maar ik heb het nooit gedaan.'

'Waarom niet? Wist je vader niet waar ze was?'

'Geen idee.'

'Droom je nog weleens?'

'Zo nu en dan. De angstige beelden worden vager,' antwoordt Achmed. 'Na ons laatste gesprek voel ik me losser. Er met jou over praten heeft geholpen, schat.'

Ik betwijfel het. 's Nachts, als hij schokkend in mijn armen ligt te murmelen of roept in het duister, bekijk ik zijn gezicht dat soms van pijn verwrongen is, dan weer angstig staat. Als hij over zijn jeugd spreekt, komt er een of ander mooi gemaakt verhaal. Zoals die keer toen hij vertelde dat ze met tientallen jongetjes naakt door de bloeiende cannabisvelden liepen. 'De pollen bleven aan onze lichamen kleven en vervolgens werden we heel zorgvuldig schoongemaakt. Dat was een heerlijk gevoel. Pollenhash is superkwaliteit en bracht veel geld op. Dus je begrijpt...?'

'Nee, dat begrijp ik niet. Wat deed dat wel niet met jullie? Die THC moet toch diep in je huid zijn doorgedrongen?'

'We droomden er goed van, ja.' Achmed lacht. 'En ja, toen raakte ik verslaafd.'

'Had je als kind die droom van dat jongetje in die kist al?' vraag ik. Over dat verslavingsverhaal hadden we het vaker gehad, dat lag goddank achter hem.

'Die kist betekent niet zo veel, geloof ik. Het sterkste beeld dat op mijn netvlies staat is de gebloemde vrouw met aan haar hand dat kind.'

'Je moeder met jou?'

Hij schokschoudert: 'Dan zou ik veel jonger geweest moeten zijn.'

'Waarom zoeken we je moeder niet op? Zij heeft vast wel een antwoord op je vragen.'

'Ik heb geen vragen, jij hebt vragen. En ik wil mijn moeder niet ontmoeten.'

'Waar ben je bang voor?'

Achmed staart verbeten naar de langsvarende boten in de gracht en zegt: 'Waarom duik je niet in je eigen jeugd? Jij hebt je ouders heel wat te vragen, volgens mij.'

Ik zwijg. Inderdaad ik heb vragen. Maar mijn ouders opzoeken? Hen confronteren met de dood van mijn broertje? Mijn dromen zijn allang vervaagd, ik kom mijn nachten droomloos door. Mijn broertje of dat jochie in de woestijn? Het zijn kinderen van mijn fantasie.

Zonder te beseffen wat ik aanricht, zeg ik: 'We gaan haar zoeken.'

Achmed springt overeind, zijn stoel klapt tegen de boekenkast. 'Weet je wel wat je zegt? Verdomme, ik wou dat ik mijn mond gehouden had, jij begeeft je in een wereld die niet de jouwe is.'

'Ja maar, misschien doen we haar er wel een plezier mee?'

'Ja, en misschien niet. Het is te laat, dit was dertig jaar geleden, ik leef nu. Je moet ermee ophouden!'

'Oké. Ik ga te ver, maar het intrigeert me mateloos. Ik wil jouw afkomst kennen, je hebt een Marokkaanse vader en een Hollandse moeder die jou in de steek liet. Wie is zij? Wat is dat voor een mens?'

Als Achmed voorstelt zijn vader op te zoeken, reageer ik verbaasd. Ik ben zo bezig geweest met die vage gebloemde moeder, dat ik nooit naar zijn vader heb gevraagd. 'Je vader leeft nog? Waarom heb je me dat niet meteen verteld?'

'Waarom zou ik?'

'Hij is je vader.'

'Jij hebt toch ook geen contact met je ouders? Nou, ik ook niet met mijn pa.'

'Maar waarom wil je er nu heen?'

'Hij heeft me gebeld. Hij zegt dat hij gauw dood gaat.'

'Maar dat is vreselijk. Woont hij alleen? Is er niemand die naar hem omkijkt?'

'Weet ik eigenlijk niet.'

'Maar je wilt wel dat ik meega?'

'Ja, want ik wil hem vertellen dat hij op de valreep grootvader wordt.' Achmed neemt me in zijn armen. Sinds een week of twee weten we dat ik in verwachting ben. Na de eerste schrik beginnen we nu een beetje aan de gedachte te wennen.

Achmeds vader is veel ouder dan ik gedacht had. Hij heeft borstelige wenkbrauwen waaronder twee koortsige ogen prikken en ik moet meteen aan Achmeds droom denken; de man in de zwarte mantel en de flitsende ogen. Hij wil dat ik hem Baba noem. Baba doet me denken aan Omar Sharif in de film Lawrence of Arabia.

We zitten aan tafel. Baba heeft koffie gezet en presenteert bokkenpootjes. Ik kijk steeds naar hem en probeer me voor te stellen hoe die gebloemde vrouw meer dan dertig jaar geleden verliefd werd op deze man met zijn geblakerde gezicht, met dat kortgeschoren grijze haar, waardoor zijn oren erg opvallen.

Door zijn zware accent kan ik me slecht concentreren op het gesprek. Bovendien moet ik steeds naar die olifantsoren kijken. Ze lijken wel aan zijn gezicht geplakt en soms bewegen ze een beetje.

De beelden uit Achmeds droom schuiven voor de werkelijkheid: het bleke jongetje dat uit de kist klautert is mijn dode broertje. Zijn vingers grijpen de rand, het deksel klapt dicht en de echo van zijn schreeuw galmt door mijn hoofd.
Baba en Achmed voeren een moeizaam gesprek met veel Arabische woorden, ik kan er geen touw aan vast knopen. In gedachten wikkel ik een zwarte tulband om Baba's hoofd waarin de oren verdwijnen. Baba vraagt iets aan mij wat ik niet versta.

Wanneer Achmed aanstalten maakt om op te stappen, heeft hij volgens mij nog niets gezegd over zijn aanstaande vaderschap. Ik knipper opgelucht de droombeelden weg en houd wijselijk mijn mond. De oude man sloft naar het dressoir en pakt een stapeltje paperassen dat hij had klaargelegd voor zijn zoon. Achmed neemt het ongeïnteresseerd aan.

De vader omhelst zijn zoon. Kennelijk is hij toch op de hoogte, want hij geeft mij een warme hand en wenst me veel goeds toe met zijn zoon en kleinzoon. In zijn ogen schittert de woestijn.

Terug op de boot bladert Achmed achteloos door de papieren van zijn vader. Er vallen een paar foto's op tafel. Ik gris ze onder zijn handen vandaan en bestudeer ze nieuwsgierig.

Dit is een kans om de fantasiebeelden in mijn hoofd door reële illustraties te vervangen.

Het zijn foto's van Achmed als peuter: onder een palm-boom, in een wastobbe, als mannetje van een jaar of acht op een kameel en op een foto staat hij stoer tussen een kudde geiten. Er is een Nederlandse schoolfoto bij: Achmed, tien of elf jaar oud, met de armen over elkaar bovenop een atlas, strakke scheiding in zijn krullen, kijkt bedeesd in de lens.

Op een andere foto is hij wat ouder en staat naast een nieuwe fiets in een Nederlandse woonwijk.

Op één foto is een vrouw te zien. Een knappe, koele meid staat met een kind van een paar maanden op haar heup voor een laag lemen huisje onder een indigoblauwe lucht. Op weer een andere foto herken ik een jonge uitvoering van Baba. Zijn felle blik en buitensporig grote oren zijn onmiskenbaar. Ook hij heeft het kind in zijn armen op vrijwel dezelfde plek voor het huisje onder dezelfde blauwe lucht.

'Heb je deze foto's nooit eerder gezien?'

Achmed kijkt over mijn schouder mee. 'Mijn moeder heeft het pakketje laatst naar mijn vader teruggestuurd, vertelde Baba.'

'Dus ze hebben wel contact?'

Hij wijst op de twee laatste foto's. 'Kennelijk wel dus. Toen waren die lui nog gelukkig, denk je ook niet?'

'Die lui? Dat zijn je ouders, maar waarom staan ze niet samen op de foto?' Ik leg alle foto's van Achmed met verschillende leeftijden op volgorde naast elkaar en bekijk ze langdurig.

Die nacht slaap ik slecht. Foto's schuiven voorbij, afstandelijke ouders kijken op me neer, talloze jongetjes joelen om me heen en spelen tikkertje of ze staren verstild dromerig in de verte. Ik droom Achmeds droom en beleef alle beelden door elkaar aangevuld met eigen jeugdherinneringen.

De volgende ochtend, tijdens ons ontbijt, zitten we tegenover elkaar aan tafel. Achmed strijkt zijn lange haar naar achteren en bindt het in een paardenstaart. Hem aanstarend pak ik de foto's op, ineens weet ik waar ik naar moet kijken. Het jongetje op de heup van zijn moeder heeft grote oren, de flappers van Baba. Van het kind dat de vader in zijn armen houdt, zijn de oren niet te zien door de lichtval. Ik onderwerp de moeder aan een onderzoek, de vader en vervolgens beide baby's in hun armen. Ik leg de kiekjes tegen elkaar aan en schuif ze weer uit elkaar.

'Wat doe je toch?' vraagt Achmed, die de krant naar zich toegetrokken heeft en de foto's nauwelijks een blik waardig keurt.

Ik neem een hap van mijn beschuit met kaas en op dat moment zet het beeld zich in mijn hoofd vast. Met in het rond sproeiende kruimels roep ik: 'Achmed, zou het kunnen dat het om twee kinderen gaat? Kijk…' met mijn wijsvinger tik ik op de foto's en maak hem attent op de baby met de grote oren. 'Volgens mij ben jij dit niet.' Ik schuif de foto's weer tegen elkaar aan.

'Wat bedoel je? Waarom denk je dat?' Achmed tuurt vermoeid naar de foto's voor zich.

'Omdat het erop lijkt dat deze foto door midden is geknipt. Dit was vroeger één geheel.' Dan pas kijk ik mijn vriend weer aan. Na een laatste vluchtige blik op de foto's, staat hij op en loopt een rondje door de kamer, zijn ogen gericht op iets wat er niet is.

Na lange minuten zegt hij: 'Denk je dat ik een onecht kind ben?'

Mijn hoofd schuddend zeg ik: 'Er waren twee kinderen. Dat denk ik.'

'Kijk ik daarom in mijn droom naar de dood van een kind? Had ik een broertje?'

'Misschien.'

Achmed gaat weer zitten, met gekromde schouders, zijn hoofd in zijn handen. Ik ga achter hem staan en sla mijn armen om hem heen. Begrijpelijk dat ik hem met mijn gegraaf niet help, het maakt hem juist onzeker. Hij bevrijdt zich uit mijn omhelzing en schuift in een beweging de foto's bij elkaar, maakt er met de andere paperassen een stapeltje van en trekt het brede elastiek er weer omheen. Het pakketje stopt hij in een la van zijn bureau.

'Oké, we vergeten het. Zand erover. Baba is jouw vader en je moeder liet jou bij hem achter toen je een paar maanden oud was. Jij wilt niet weten wie je moeder was, je zoon zal het nooit weten en ik mag het ook niet weten.' Abrupt draai ik me om en trek mijn jas aan. 'Ik ga boodschappen doen.'

Zodra ik over de gracht loop, haal ik diep adem. Die zware stemming van hem de laatste tijd benauwt me. Dat de droom hem nog steeds bezighoudt weet ik zeker. Achterlijk om je afkomst te verguizen. Ik kan daar niet bij. Alles wijst erop dat er iets scheef zit.

Op de Albert Cuypmarkt probeer ik me de inhoud van ons keukenkastjes voor te stellen. Ik koop aubergines, verse knoflook en gedroogde pruimen. Dat hij iets met zijn verleden moet, staat voor mij als een paal boven water, alsof ik mijn eigen broertje op die manier wil terughalen. De couscous is op en ik moet kokos hebben. Terwijl ik luister naar het geschreeuw van de marktlui denk ik aan mijn moeder. De naam van mijn broer is na zijn volkomen onnodige dood nooit meer gevallen. Ik denk aan Achmeds moeder die haar kind heeft verlaten. Wat hebben onze moeders gemeenschappelijk?

Op de terugweg kijk ik in een winkelruit naar de bolling van mijn buik die alleen voor mij zichtbaar is. Ik ben verliefd op een Marokkaan en binnen no time zwanger geraakt. L'histoire se répète, maar ik zou mijn kind nooit in de steek laten. Nooit.

Nog voor ik bij de loopplank van de boot ben, zie ik dat zijn fiets weg is. De woonboot is verlaten. Er ligt geen briefje, de ontbijtboel is niet opgeruimd en ons bed ligt nog omgewoeld, zoals we het een paar uur eerder hebben verlaten. Ik bijt op mijn lip. In een verdoofd automatisme ruim ik de boel op. Hij zal toch wel terugkomen? Of is hij toch eindelijk zelf op onderzoek uit gegaan? Zijn moeder moet toch te vinden zijn? Gedreven door nieuwsgierigheid haal ik het pakketje papieren met het elastiek eromheen uit de bureaula.

Met een kop thee ga ik aan tafel zitten. Op een voddig papiertje staan Arabische woorden. Ik herken zijn naam: Achmed Hamza Amrani. Lang tuur ik naar die haaltjes en puntjes tot ze voor mijn ogen dansen. Dit schiet niet op. Ik grijp een ander papier en tussen de niet te ontcijferen Arabische tekens herken ik twee woorden: Bien Boomsma.

Ik schuif alles bij elkaar, doe het elastiek eromheen en leg het stapeltje terug zoals ik het vond. De computer staat in de slaapstand, ik geef een klap op de muis. In een zoekmachine typ ik die oer-Hollandse naam in en ik heb de keuze uit tien bladzijden met Boomsma. Vooral veel sites die met drank te maken hebben. Eén link blijft over: Bieneke Boomsma is een beeldhouwster die in Drenthe woont. Geen foto's, geen adres, behalve de informatie dat ze in 2007 in een galerie in Hooghalen heeft geëxposeerd.

Op dat moment voel ik een hand op mijn schouder en ruik Achmeds geur van zware tabak en kruidige aftershave. Zijn lippen in mijn hals. In een reflex klik ik de pagina weg en sluit de computer af. 'Ik heb boodschappen gedaan en ga zo lekker koken. Waar zat jij?'

'Ik heb gefietst en nagedacht.'

Vragend kijk ik hem aan.

'Ik wil er niks mee. Met vroeger. Als ik het deksel een eindje optil, word ik bevangen door een rioollucht, daar lusten de honden geen brood van.'

Ik vraag niks meer en begin met de voorbereidingen van het eten.

We zitten op het achterdek in de late avondzon. Achmed drinkt een biertje. Ik heb de wijn afgeschaft nu mijn buik zich als een te hard opgepompte voetbal onder mijn jurk manifesteert. We kijken naar de voorbijtrekkende stroom toeristen op de gracht. Achmed heb ik niet meer lastiggevallen met zijn moeder, maar ik heb op eigen houtje mijn onderzoek voortgezet. Dromerig staren we voor ons uit. Zijn hand ligt op mijn buik. Net terug van een echoonderzoek, hebben we gehoord dat er een tweeling in zit. Nauwelijks verbaasd, hoorde ik het nieuws aan, Achmed, echter was helemaal door het dolle heen. Hij begint er telkens weer over: 'Twee jongens, hoe hebben we dat toch klaargespeeld?'

Glimlachend kijk ik op mijn horloge. Kan hij het wel vinden? Hij moet uit Assen komen en kent Amsterdam nauwelijks. Aan de telefoon had Joosts stem een zelfde zachtheid als Achmed, maar met een Drents accent.

Uit de menigte maakt zich een man van Achmeds leeftijd los. Hij staart naar de boot en naar ons. Ik steek mijn hand op, bij wijze van teken.

Aarzelend zet hij een voet op de loopplank. Achmed staat op en loopt hem tegemoet. 'Zoek je iemand?' hoor ik hem bars vragen. Hij heeft een gloeiende hekel aan toeristen die zijn boot op stiefelen.

'Ja, mijn broer,' hoor ik de man plompverloren zeggen.

'Die woont hier niet,' antwoordt Achmed.

'Achmed Amrani woont hier niet?'

De twee mannen zijn ongeveer even lang. Ze staan tegenover elkaar, het hoofd van de vreemdeling torent boven de kajuit uit. Zijn gezicht zie ik niet, maar ineens schijnt de zon transparantroze door twee onwijs grote flaporen.

9 789082 211931